DES CHANGEMENS

SURVENUS

DANS L'ART DE LA GUERRE,

DEPUIS 1700 JUSQU'EN 1815;

CONSÉQUENCES DE CES CHANGEMENS RELATIVEMENT
AU SYSTÈME DE PLACES FORTES.

Ouvrages du même auteur.

Histoire de l'expédition de Russie, seconde édition. Trois volumes in-8°, avec un atlas et trois vignettes.

Philosophie de la guerre, suivie de *Mélanges*. Seconde édition. Un vol. in-8°.

IMPRIMERIE DE SELLIGUE,
RUE DES JEUNEURS, N° 14.

DES CHANGEMENS

SURVENUS

DANS L'ART DE LA GUERRE,

DEPUIS 1700 JUSQU'EN 1815;

CONSÉQUENCES DE CES CHANGEMENS

RELATIVEMENT AU SYSTÈME DE PLACES FORTES;

Par le Marquis de Chambray.

PARIS.

ANSELIN, LIBRAIRE POUR L'ART MILITAIRE,
RUE DAUPHINE, N° 9;
PILLET AÎNÉ, IMPRIMEUR DU ROI,
RUE DES GRANDS-AUGUSTINS, N° 7;
DELAUNAY, LIBRAIRE,
PÉRISTYLE VALOIS, AU PALAIS-ROYAL.

———

1830.

DES CHANGEMENS

SURVENUS

DANS L'ART DE LA GUERRE,

DEPUIS 1700 JUSQU'EN 1815;

CONSÉQUENCES DE CES CHANGEMENS RELATIVEMENT AU SYSTÈME DE PLACES FORTES (a).

CHAPITRE PREMIER.

Des changemens survenus dans l'art de la guerre depuis 1700 jusqu'en 1815.

M. le général Valazé a fait insérer dans la xxxixᵉ livraison du *Spectateur militaire*, un article intitulé *des Places fortes et du Système de guerre actuel*. Dans cet article, il a développé l'opinion que « depuis 1792, on n'avait point fait la » guerre autrement qu'en 1700 et 1740, et que, par con- » séquent, le système de guerre actuel n'était pas différent » de celui qu'on suivait au commencement du siècle der- » nier. » Il en a conclu qu'il ne fallait adopter aucune mo- dification au système de places fortes de la France.

(a) Extrait du *Spectateur militaire*.

1

Cette opinion, reproduite à la tribune par plusieurs députés (a), est diamétralement opposée à celle que j'avais émise dans les trois derniers chapitres de ma *Philosophie de la guerre*, surtout dans celui qui est intitulé *des Places fortes;* ces chapitres ne contiennent d'ailleurs point, sur cette question, tous les détails et tous les renseignemens que l'on pourrait désirer; le plan de l'ouvrage ne le comportait pas. En réfutant les opinions de M. le général Valazé, je serai conduit tout naturellement aux développemens nécessaires pour justifier les miennes.

Les conclusions de M. le général Valazé, sur la bonté du système de places fortes de la France, ne reposent pas seulement sur cette assertion que le système de guerre n'a pas changé; elles supposent aussi que de 1700 à 1740, c'est-à-dire pendant la guerre de la Succession d'Espagne (b), qui fut la seule importante de cette époque, le système de places fortes de la France était parfaitement en harmonie avec le système de guerre qu'on suivait alors; autrement son raisonnement n'aurait point de base.

Quoique je n'adopte point, ainsi qu'on le verra, la proposition sur laquelle se fonde le raisonnement de M. le général Valazé, je ne sens point la nécessité de la combattre, puisqu'il suffira, pour renverser ce raisonnement, de faire voir que le système suivi pendant les guerres de la révolution française a été très-différent de celui que l'on suivait pendant la guerre de la succession d'Espagne.

J'examinerai ensuite ce que dit M. le général Valazé du rôle que les places fortes ont joué pendant les campagnes de ces deux époques; je parlerai des avantages et des inconvé-

(a) MM. Lamarque et de Lamezan.

(b) La guerre de la Succession d'Espagne commença en 1701 et finit en 1713.

niens que présentent actuellement les places fortes, et je terminerai par indiquer le système de places qui me paraîtrait devoir être adopté comme une conséquence des changemens survenus dans l'art de la guerre.

Commençons par ce qui a rapport à l'armement, au maniement des armes et aux manœuvres des troupes.

Pendant la première époque, le maniement des armes de l'infanterie était d'une complication extrême, et l'on se servait encore de baguettes de bois.

Le bataillon était l'unité tactique dans l'infanterie comme de nos jours; cette infanterie se formait et marchait à rangs ouverts; sur quatre rangs au commencement de la campagne, sur trois lorsque les bataillons étaient trop réduits.

On ne connaissait point le feu à volonté, ou de deux rangs, qui est presque le seul que l'on emploie maintenant. Les feux ne s'exécutaient que par rangs; ils étaient lents et peu meurtriers.

Le pas cadencé était inconnu; l'adoption de ce pas a donné naissance à plusieurs manœuvres très-utiles, et a permis d'apporter aux anciennes d'importantes améliorations. Auparavant l'infanterie ne savait que rompre en colonne en avant de sa ligne de bataille; elle perdait un temps infini dans les changemens de direction en colonne, et ces changemens ne s'exécutaient presque jamais sans désordre; les rangs se confondaient au pivot; on perdait les distances.

L'escadron était l'unité tactique dans la cavalerie comme de nos jours; cette cavalerie lourde et peu maniable se formait sur trois rangs; les escadrons laissaient entr'eux des intervalles ordinairement égaux à leur front. La principale action de la cavalerie consistait dans son feu; elle ne chargeait jamais en ligne qu'au trot, mais elle chargeait quelquefois au galop en fourrageurs. Elle ignorait qu'elle pût

1*

produire ces ouragans décisifs (*procella equestris*) dont
Frédéric II a le premier donné l'exemple.

Le matériel de l'artillerie était lourd et mal entendu; il
n'y avait qu'un petit nombre de bouches à feu en comparaison de ce qu'on en a eu depuis; leur feu était lent et mal
dirigé; on ne traînait point, ou presque point d'obusiers (a),
arme si nécessaire contre la cavalerie et pour l'attaque des
villages et des retranchemens. L'artillerie à cheval, com-
pagne indispensable de la cavalerie, et si utile pour diriger
rapidement de l'artillerie sur les points où elle devient nécessaire, n'existait pas.

L'organisation des armées, leurs marches, leurs méthodes
de guerre, présentent aussi de très-grandes différences à ces
deux époques.

Pendant la première époque, l'infanterie ainsi que la cavalerie étaient divisées en brigades; c'était la seule subdi-
vision.

Les lieutenans-généraux et les maréchaux de camp rou-
laient entre eux pour le service journalier; d'où il résultait
qu'ils ne connaissaient point les troupes dont on leur con-
fiait le commandement et n'en étaient point connus; qu'ils
n'étaient point au courant du service, et que rarement ils
avaient le temps d'étudier le terrain qu'occupaient leurs
troupes. On conçoit quelle lenteur, quels embarras et quel
désordre résultaient de cet état de choses pour la transmis-
sion des ordres et pour le commandement des troupes.

L'artillerie de ligne était divisée en brigades de dix bouches
à feu chacune; elle marchait et campait toujours réunie;
on envoyait de l'artillerie aux lieux où elle était nécessaire,

(a) Les Hollandais employèrent pour la première fois des obusiers à
la bataille de Nerwinde en 1693; les Allemands les imitèrent. Les Français en employèrent, pour la première fois, pendant la guerre de Sept
ans; le premier obusier français fut coulé à Douai en 1749.

et lorsqu'on devait en venir aux mains, on désignait à chaque chef de brigade les troupes près desquelles il devait se porter et dont il devait suivre les mouvemens pendant la bataille : il en résultait que ces troupes s'engageaient ordinairement long-temps avant l'arrivée de l'artillerie, et que le sort d'une affaire était souvent décidé sans que l'artillerie y eût pris part.

L'armée était appesantie par un grand nombre de chevaux de bât qui transportaient les tentes dont se servaient les troupes, par les chevaux des officiers d'infanterie, par une grande quantité de voitures de vivres, par un grand nombre de voitures de luxe, de bagages, etc., etc., et par une foule de non-combattans.

Les mouvemens des troupes et les opérations militaires étant subordonnés aux approvisionnemens de vivres et à la possibilité d'en faire des distributions régulières, il en résultait des obstacles continuels à l'exécution des projets des généraux.

Les déploiemens n'étant point connus, l'armée marchait toujours réunie, par lignes, ou par portion de lignes, dans la crainte de trop s'écarter de *l'ordre de bataille* ; cet ordre de bataille était une espèce de patron qu'on appliquait indifféremment dans tous les cas ; on était dans la nécessité de s'ouvrir des chemins ; on faisait *une lieue en quatorze heures*, et l'ennemi était toujours averti.

Aux difficultés que l'on éprouvait pour alimenter l'armée se joignaient donc les difficultés non moins grandes que l'on éprouvait d'ailleurs pour la faire mouvoir. Ainsi s'expliquent ces faits rapportés par les historiens de cette époque, que tel général a présenté la bataille, mais que son adversaire l'a refusée, et cela sans que cet adversaire se fût retiré ; et ce qu'ils racontent de plusieurs batailles (Hochstædt, Ramillies, Malplaquet, etc.), où un tiers de l'armée seu-

lement fut mis en action , tandis que le reste attendait des
ordres les bras croisés ; et cette inertie du vainqueur après
le gain des batailles, au lieu de poursuivre à outrance l'ennemi vaincu. Dans l'impossibilité de se mouvoir, on faisait
des siéges pour faire quelque chose (a).

On faisait beaucoup plus la guerre aux places , aux camps
retranchés , aux positions, si l'on peut s'exprimer ainsi ,
qu'aux forces organisées.

Dans l'examen auquel je vais me livrer , relativement aux
changemens survenus dans l'art de la guerre , depuis la
guerre de la succession jusqu'à la paix de Paris en 1814,
je m'étendrai plus que je ne l'ai fait pour ce qui est anté-
rieur à cette époque, surtout lorsqu'il sera question des
guerres de la révolution française ; l'intérêt qui s'attache à
ce qui est plus rapproché de nous, un sujet neuf encore sous
quelques rapports , m'imposent ce devoir.

L'infanterie de ligne européenne ne se formait plus depuis long-temps que sur trois rangs , lorsque dans l'armée
prussienne, quelque temps avant la guerre de Silésie (23
décembre 1740), on remplaça la baguette de bois par la
baguette de fer, et quelques années après on adopta le pas
cadencé ; il résulta de ces changemens que le feu de l'infanterie devint plus meurtrier , que l'on perfectionna les
anciennes manœuvres et qu'on en adopta de nouvelles.
Parmi ces manœuvres, les plus importantes furent le ploie-
ment de l'infanterie en colonnes serrées , et le déploiement
de ces mêmes colonnes (b).

(a) L'ouvrage de M. J. Rocquancourt intitulé : *Cours d'histoire et d'art
militaire, à l'usage des élèves de l'Ecole royale militaire de St.-Cyr* m'a été
fort utile. Cet auteur a publié , sous un titre modeste , une véritable histoire générale de l'art militaire.

(b) On trouve dans l'ordonnance du Roi pour régler l'exercice de l'infan-

Il n'y a point d'exagération à dire que l'adoption du pas
cadencé ayant permis de faire occuper à l'infanterie le moins
d'espace possible, ayant donné naissance à de nouvelles
manœuvres, et fourni les moyens d'apporter à l'exécution
de la plupart des anciennes un ordre, une précision et une
promptitude à laquelle on ne pouvait atteindre auparavant,
a causé une révolution dans l'art de la guerre.

terie, *du 1er janvier 1766*, une manœuvre pour déployer une colonne
d'attaque, composée d'un ou de deux bataillons ; cette manœuvre est celle
qui se pratique encore aujourd'hui pour déployer un bataillon ployé en
colonnes serrées par pelotons ou par divisions. Mais aucun ouvrage de
tactique, dit Guibert, dans son *Essai général de tactique*, publié en 1772 (a),
n'avait encore donné, avant le sien, le moyen de ployer un bataillon en
colonne serrée, autrement que par des conversions ou des quarts de
conversions.

Je ne saurais indiquer l'époque précise à laquelle ces manœuvres
avaient été introduites dans l'armée prussienne ; mais on sait qu'elles ne
furent employées à la guerre, pour la première fois, d'une manière mé-
thodique, que pendant les guerres de la révolution française. Guibert se
trompe lorsqu'il dit que le grand Frédéric employait habituellement ces
manœuvres pendant la guerre de Sept ans. Voici comment Jomini s'exprime à ce sujet dans son *Traité des grandes opérations militaires* (b),
« Guibert a prouvé, dans l'éloge du roi de Prusse, que sa tactique était
» ignorée en Europe ; mais la connaît-il mieux lui-même lorsqu'il con-
» sacre une plume, digne d'un plus grand sujet, à nous enseigner des
» déploiemens que ce grand capitaine ne fit jamais à la guerre.........
» En jetant un coup d'œil sur les ordres de marche de l'armée prussienne
» aux batailles de Kollin, de Rosbach et de Leuthen, on verra qu'elle
» marchait en colonne par le flanc, chaque ligne formant une colonne,
» qu'elle passait à cet ordre en rompant à droite ou à gauche par pelo-
» tons, et qu'elle reprenait l'ordre de bataille au moyen de la même
» conversion par pelotons, sans déploiemens. » Des marches d'armées
telles que celles que vient de citer Jomini, ne peuvent d'ailleurs s'exécuter
avec succès, c'est-à-dire avec ordre, précision, et une promptitude suf-
fisante, que sur un terrain facile et découvert.

(a) Tome I, *Tactique de l'infanterie*, chap. VIII.
(b) Tome I, chap. V.

Peu de temps après les perfectionnemens à la tactique de l'infanterie, dont je viens de parler, et pendant la guerre de Sept ans, Frédéric perfectionna aussi la tactique de la cavalerie; et reconnaissant que sa principale force consistait dans l'emploi de l'arme blanche et dans la rapidité de ses charges, il ne lui fit plus employer son feu. Quelques. années après cette guerre, en 1766, on supprima dans l'armée française le troisième rang de la cavalerie; les Français furent les premiers à donner cet exemple.

L'année précédente, on avait adopté le matériel d'artillerie que Gribauval proposait depuis plus de dix ans; matériel le meilleur sans contredit qui fût alors en Europe (a); aussi fut-il bientôt imité généralement, à de légères différences près.

Pendant la longue paix dont avait joui la France, avant que les guerres de la révolution française éclatassent, on s'était beaucoup occupé de l'art de la guerre; les discussions sur l'ordre mince et sur l'ordre profond, les épreuves mêmes qui avaient été faites à Metz et au camp de Bayeux ne semblaient pas devoir donner de résultats positifs, lorsque parut, en 1779, l'ouvrage de Guibert, intitulé : *Défense du système de guerre moderne.* Cet ouvrage fixa les doutes des militaires éclairés.

On reconnut que le feu de l'infanterie était son principal moyen pour combattre; qu'ainsi un ordre de bataille de peu de profondeur, qui lui permît de faire usage de son feu, devait être son ordre habituel de combat; que l'ordre en colonnes serrées était indispensable dans beaucoup de cas

---

(a) Les premières épreuves du matériel Gribauval furent faites en 1754, et constatèrent ses avantages sur celui de Valière qui était alors en service mais ce ne fut qu'en 1765 que Gribauval put enfin l'emporter sur l'esprit de routine et de coterie.

pour résister à la cavalerie; qu'il était même avantageux de
le prendre quelquefois pour attaquer l'infanterie dans des
circonstances particulières. On reconnut que généralement
la formation des bataillons en colonnes serrées par divisions
était la meilleure pour faire manœuvrer de grandes masses
d'infanterie, dans le voisinage ou en présence de l'ennemi;
parce qu'avec cette formation, l'infanterie occupait beaucoup moins de terrain et exécutait les grands mouvemens
avec beaucoup plus d'ordre et de facilité, surtout lorsque le
terrain était inégal et présentait des obstacles; parce qu'alors
elle était toujours en mesure de résister à une charge inopinée de cavalerie, et parce qu'enfin lorsqu'elle voulait
faire usage de son feu, elle pouvait passer rapidement de
l'ordre en colonnes serrées à l'ordre en bataille, au moyen
des déploiemens. On reconnut enfin que le feu de deux
rangs était le seul que l'on pût employer habituellement à
la guerre (a). Je suis d'ailleurs loin de me faire l'apologiste
de tout ce que propose Guibert dans ses deux ouvrages; par
exemple, de ses ordres de marches d'armées. Comment
cet homme de génie ne se serait-il pas trompé quelquefois,
n'ayant pu être éclairé par l'expérience?

Les innovations et les perfectionnemens dont je viens de
parler furent enfin consacrés par le *réglement concernant
l'exercice et les manœuvres de l'infanterie du* 10 *août* 1791;
réglement bien fait, quoique toutes les manœuvres do l'infanterie n'y soient pas portées à leur perfection, qu'il en
contienne quelques-unes d'inutiles à la guerre, et qu'il en
laisse à désirer quelques autres; mais qui ne fut pas moins

(a) Le *feu de deux rangs*, tel qu'il s'exécute aujourd'hui, fut prescrit
pour la première fois dans l'ordonnance de 1766, et Guibert, dans son
Essai général de tactique, tom. I, page 51, dit que ce feu est le seul qui
doive avoir lieu dans un combat de mousqueterie.

on ne peut plus utile pour l'instruction de ces nombreux bataillons, levés par la France pendant cette longue guerre qui s'alluma l'année suivante (20 avril 1792). Ce fut quelques mois avant cette époque que l'on commença à organiser de l'artillerie à cheval, à l'imitation des Prussiens.

L'art de l'ingénieur n'avait, pour ainsi dire, fait aucun progrès depuis Vauban; si ce n'est que, dans la fortification de campagne, on employa presque toujours un système de redoutes ou de lunettes, au lieu des lignes continues qui étaient en usage sous Louis XIV.

Dans le mouvement qui portait les esprits des militaires vers le perfectionnement de leur art, la cavalerie n'était pas restée stationnaire. Le réglement de 1788 consacra les améliorations successives apportées à l'exercice et aux manœuvres de cette arme; l'expérience a prouvé qu'il avait un vrai mérite relativement à l'instruction de détail; mais aussi qu'il laissait beaucoup à désirer en ce qui concerne les évolutions de ligne; c'est d'après les principes de ce réglement que la cavalerie française a combattu pendant les guerres de la révolution.

Tel était, lorsque ces guerres éclatèrent, l'état de perfectionnement qu'avaient atteint les trois armes dont se composent les armées; elles avaient alors, pour ainsi dire, les mêmes armes, la même formation et les mêmes manœuvres (a), excepté toutefois chez les Turcs et chez les Polonais.

Depuis cette époque jusqu'à la seconde restauration, on ne remarque qu'une innovation importante dans les manœuvres; la formation de l'infanterie sur deux rangs. Les An-

(a) On remarquait pourtant les petites différences suivantes : les Français n'avaient point de lanciers, ils n'en ont eu qu'en 1808; la cavalerie autrichienne se formait encore sur trois rangs, elle n'a adopté la formation sur deux rangs qu'en 1806.

glais donnèrent les premiers l'exemple de cette formation dans une partie de leurs régimens, pendant la guerre d'Espagne qui éclata en 1807, et toute leur infanterie la prit en 1810, par suite d'un ordre du duc d'Yorck.

Napoléon fit former son infanterie sur deux rangs avant la bataille de Leipzick, et elle continua à combattre ainsi jusqu'à la fin de la guerre. On trouve dans les Mémoires qui lui sont attribués (a) le passage suivant relatif à cette formation : « Le feu du troisième rang est reconnu très-imparfait, et » même nuisible à celui des deux premiers; on a prescrit » au premier rang de mettre le genoux en terre dans les feux » de bataillon, et dans les feux à volonté, le troisième charge » les fusils du deuxième : cet ordre est mauvais ; l'infante- » rie ne doit se ranger que sur deux rangs, parce que le » fusil ne permet de tirer que sur cet ordre. »

Jomini, Jacquinot de Presle, Gouvion Saint-Cyr émettent la même opinion (b), et je vois cette opinion partagée par une grande quantité de militaires distingués qui ont fait les dernières guerres.

Quelque importans que fussent les changemens survenus dans l'armement, le maniement des armes et les manœuvres des troupes, ceux qu'éprouvèrent l'organisation, les marches, les manœuvres des armées, et leurs méthodes de guerre le furent beaucoup plus encore.

De tels changemens peuvent se méditer ou se préparer pendant la paix; mais c'est pendant la guerre qu'ils s'exécutent, et par conséquent qu'ils se manifestent. Les premiers

(a) *Mémoires de Napoléon*, tom. V, pag. 120.

(b) J'ai émis également cette opinion et je l'ai développée dans un opuscule qui fait partie de mes *Mélanges*, et qui est intitulé : *Quelques réflexions sur l'infanterie de nos jours et en particulier sur l'infanterie française et sur l'infanterie anglaise*. Cet opuscule avait paru pour la première fois en 1824 sous le titre : *De l'infanterie*.

de ces changemens, ayant quelque importance, furent exé-
cutés par le grand Frédéric pendant la guerre de Sept ans ;
son armée, par suite du perfectionnement des manœuvres,
exécuta ses marches avec plus d'ordre et de rapidité ; il la fit
bivouaquer plusieurs fois pour s'affranchir de l'embarras
des tentes ; et plusieurs fois aussi il fit nourrir ses troupes
par l'habitant, pour que la nécessité de leur distribuer des
vivres n'arrêtât point leurs marches. Ce fut en employant ce
moyen qu'il put, aussitôt après avoir vaincu à Rosbach, se
rendre en Silésie avec une rapidité qui étonna ses adversaires, et vaincre de nouveau à Leuthen. Pendant cette
guerre, le feu de l'infanterie, ainsi que je l'ai déjà dit, acquit plus d'importance, et la cavalerie cessant de faire usage
du sien, exécuta des charges plus rapides.

Ces perfectionnemens donnèrent quelque supériorité aux
troupes prussiennes sur les troupes contre lesquelles elles
combattaient ; mais cet avantage aurait été insuffisant pour
que Frédéric, dont l'armée ne se recrutait que sur environ
cinq millions d'habitans, pût lutter, avec le seul secours
de l'Angleterre, contre la France, la Russie, la Suède,
l'Autriche et l'Allemagne. Il fallut qu'il appliquât à la
guerre toutes les ressources de son pays en hommes, en
chevaux et en argent. Aussi lorsque la Russie, après la mort
d'Elisabeth, se détacha de la coalition, la Prusse, était-elle
entièrement épuisée, et ses finances étaient tombées dans
une telle détresse, malgré les subsides de l'Angleterre, que
Frédéric avait été réduit à altérer les monnaies. La mort
inopinée d'Elisabeth le sauva ; mais il eût succombé nécessairement, et bien avant cet événement, si un défaut absolu d'ensemble n'eût pas régné presque toujours dans la
conduite des généraux qui lui furent opposés, et s'ils n'eussent pas été pour la plupart ineptes ou très-médiocres.

Si ce grand roi ne continua pas à faire bivouaquer son

armée, et à la faire vivre chez l'habitant ; s'il ne fit point de
campagnes d'hiver, ainsi que cela s'est pratiqué depuis (a),
quoiqu'il dût être convaincu qu'il se serait d'abord procuré
ainsi des avantages incontestables, il est probable que ce fut
parce qu'il pensait qu'en définitive ces innovations lui deviendraient funestes. En effet, il en serait résulté que celles
de ses provinces, qui étaient ordinairement le théâtre de la
guerre, auraient été horriblement dévastées, et ne lui auraient plus offert les mêmes ressources ; que pourtant ses
pertes en hommes, en chevaux, en matériel de guerre, auraient été singulièrement augmentées ; que la guerre aurait
pris une grande activité et que les événemens se seraient
précipités ; que ses ennemis auraient enfin adopté les nouvelles méthodes de guerre, et tout serait alors devenu égal
de part et d'autre. Mais ce n'était qu'avec une peine infi-
nie, que ce monarque, épuisé à la fin de chaque campagne,
se remettait en mesure de soutenir une nouvelle lutte la
campagne suivante, lutte tellement inégale, que peu de
jours après avoir obtenu les succès les plus éclatans, il se
trouvait dans une situation aussi critique qu'auparavant.
Aucun succès ne pouvait lui être plus favorable et lui donner plus de chances de salut que la suspension des hostilités, pour prendre des quartiers d'hiver.

Il serait d'ailleurs injuste de juger le guerrier, dans de
telles conjonctures, sans examiner quels étaient les intérêts
politiques du monarque ; et son plus grand intérêt était de
gagner du temps, puisqu'il devait espérer qu'une coalition
aussi absurde, sous le rapport politique, que celle contre
laquelle il combattait, se dissoudrait enfin. C'est ce qui serait indubitablement arrivé bien avant la mort d'Élisabeth,

(a) Jomini lui a adressé ces reproches dans son *Traité des grandes opérations militaires*, particulièrement tom. III, pag. 121.

s'il n'eût, en quelque sorte, cimenté par ses sarcasmes et par ses satires, l'union tacite de ces *trois méchantes femmes* (a) qui le poursuivaient de leur haine.

Depuis la guerre de Sept ans, qui fut terminée en 1763, jusqu'aux guerres de la révolution française qui commencèrent en 1792, il n'y eut d'autres guerres continentales, entre les grandes puissances de l'Europe, que celle de la succession de Bavière qui se réduisit à des démonstrations; et celles de la Russie et de l'Autriche contre la Turquie, qui n'étaient pas de nature à faire faire des progrès à l'art.

Pendant les guerres de la révolution française, l'art militaire éprouva de notables changemens; ils furent introduits d'abord dans les armées françaises et adoptés successivement dans celles des autres puissances de l'Europe (b).

La France se trouva alors dans une position favorable à l'introduction de ces changemens ; elle venait d'éprouver, dans son gouvernement et dans son organisation sociale, une révolution telle que l'histoire ne nous a transmis le souvenir de rien de pareil. Non-seulement toutes les supériorités sociales furent détruites, et la société fut nivelée, mais les hommes qui s'emparèrent du pouvoir entreprirent de détruire aussi la religion, les mœurs et les usages de la nation française. On conçoit qu'ils ne l'auraient pu s'ils ne l'eussent frappée de terreur, et s'ils n'eussent exercé un pouvoir violent, et plus absolu peut - être que ne l'avait jamais été celui d'aucun despote; car le pouvoir d'un despote est ordinairement limité, de fait, par la religion, les mœurs, les usages et les prérogatives de quelques grands corps.

_____

(a) Plaisanterie du grand Frédéric en parlant des deux impératrices et de madame de Pompadour.

(b) Toujours la Turquie exceptée.

Le gouvernement révolutionnaire de France pouvait donc briser, changer, innover, sans craindre d'éprouver ces sortes de résistances; et sans craindre que personne élevât la voix pour défendre ce qui s'était pratiqué jusqu'alors. La révolte seule pouvait apporter des obstacles aux mesures que prenaient de tels gouvernans, pour soutenir la lutte dans laquelle ils s'étaient engagés contre les principales puissances de l'Europe. A l'exemple du grand Frédéric, ils appliquèrent à la guerre toutes les ressources de la France, et ils s'en procurèrent d'immenses par l'émission d'un papier-monnaie; par les réquisitions, les confiscations et les spoliations; par la vente des biens des émigrés, du clergé et des condamnés; mais les dilapidations et le désordre de l'administration anéantirent une partie de ces ressources.

Le recrutement s'exerça sur tous les Français indistinctement, et ils furent obligés de servir en personne; il fallut dès-lors, pour embrasser la carrière militaire, débuter par être soldat (a), excepté pourtant dans les corps de l'artillerie et du génie, où des élèves sortis d'écoles militaires partageaient les emplois avec les sous-officiers.

Le mode d'avancement, qui résulte de ce recrutement, produit d'heureux effets, sous le rapport militaire, lorsqu'un état est engagé dans une guerre longue et active; mais en temps de paix, il en devait résulter un corps d'officiers beaucoup trop âgés. Cet inconvénient fut d'ailleurs atténué par la manière arbitraire dont se donnèrent les grades, aussi bien dans l'ancienne armée, où l'émigration des officiers laissa de grands vides, que dans les bataillons de volontaires qui furent organisés au commencement de la guerre.

Napoléon, lorsqu'il se fut emparé du pouvoir, permit les

(a) Il y eut une exception lors de l'organisation des bataillons de volontaires, puisque de simples citoyens y obtinrent alors presque tous les emplois d'officiers; mais cela n'arriva plus depuis.

remplacemens ; il en serait résulté qu'il n'y aurait plus eu
qu'un petit nombre de personnes aisées , ou appartenant
aux classes élevées de la société , qui auraient embrassé la
carrière des armes , s'il n'eût créé , pour l'infanterie et pour
la cavalerie, des écoles militaires , desquelles les élèves sor-
taient sous-lieutenans. Il se proposait sans doute aussi , en
introduisant dans l'armée des hommes intéressés par leur
fortune et par leur situation sociale à la chose publique , de
rattacher les intérêts de l'armée à ceux des citoyens.

Ce ne fut pas , ainsi qu'on l'a tant écrit et répété , par
suite de l'anarchie à laquelle la France fut en proie en
1793 , que la république française put déployer ces forces
militaires avec lesquelles elle triompha de ses ennemis ; ce
fut en investissant d'un pouvoir immense des comités dont
l'action fut constante et ferme. Ainsi , elle triompha malgré
l'anarchie , et non pas avec le secours de l'anarchie (a) ;
ceux qui ont énoncé une opinion contraire ont confondu
l'effet du mal avec celui du remède.

La république , après avoir résisté à ses ennemis , et repris partout l'offensive , les chassa de son territoire , envahit
le leur et les vainquit dans de nombreux combats. Napoléon,
qui renversa la république et s'empara du pouvoir , obtint
des succès plus brillans encore , fit des conquêtes beaucoup
plus étendues.

On a vu comment la république se procura de nombreuses armées et y excita l'émulation : ce fut tout à la fois
une des causes de ses succès et une condition sans laquelle
elle ne pouvait en obtenir. Il serait sans doute fort intéres-

---

(a) On trouve dans les *Mémoires du maréchal Gouvion Saint-Cyr, sur les
campagnes des armées du Rhin et de Rhin et Moselle,* particulièrement tom. I,
pag. 84 et suivantes, pages 110, 137, 207 et 208, des détails qui viennent
à l'appui de cette opinion.

sant de faire connaître la part qu'eut sa politique aux résultats de ces mémorables guerres ; mais je ne le pourrais sans sortir de mon sujet, et je crains de m'en être déjà trop écarté.

Les principales causes des succès de la république furent, sans contredit, les changemens qu'éprouvèrent alors l'organisation, les marches, les manœuvres et les méthodes de guerre des armées françaises. Une partie de ces changemens ne commença à s'effectuer et leur influence ne se fit bien sentir qu'au commencement de l'année 1794 ; auparavant, le désordre et l'indiscipline qui s'étaient introduits dans les corps, par suite de l'état d'anarchie de la France, l'usage de faire combattre beaucoup trop souvent l'infanterie en tirailleurs, donnèrent aux troupes françaises de l'infériorité dans les combats importans et dans les batailles ; mais à dater de 1794, ce fut tout le contraire. Le maréchal Gouvion Saint-Cyr s'exprime ainsi qu'il suit à ce sujet dans ses *Mémoires sur les campagnes des armées du Rhin et de Rhin-et-Moselle*, tome 1, page 155 : « On avait fait avec » succès, en 1793, une guerre de tirailleurs ; la nouveauté » de cette manière d'opérer, la surprise qu'elle causa d'abord, » la firent réussir au-delà de ce qu'on avait dû en attendre : » mais nos ennemis s'apercevant bientôt de la faiblesse et » des vices de ce système, il fallut y remédier en diminuant » beaucoup son emploi et en le combinant avec des masses » plus solides prises dans les différentes armes, et en les em-»ployant, soit dans l'ordre profond ou l'ordre déployé, » selon les circonstances. »

L'instruction dont les troupes ont besoin pour combattre en lignes déployées ou en colonnes n'étant pas nécessaire pour combattre en tirailleurs, ce dernier genre de combat était très-favorable à l'infanterie républicaine, qui était alors peu exercée. C'est ainsi qu'a combattu jusqu'en 1828 l'infanterie turque contre l'infanterie russe, et les tirailleurs turcs se montraient fort supérieurs à ceux des Russes.

Tome 1, page 58 : « Il eût été de la dernière imprudence » d'engager les armées de la république dans ce qu'on appelle » une bataille rangée (au commencement de 1793), à moins » d'avoir, comme à Jemmapes, une grande supériorité nu- » mérique, et encore moins dans une retraite, pour peu » qu'elle eût dû se prolonger.

» Les troupes de la république, à l'époque dont nous par- » lons, étaient très-propres, quand elles étaient bien con- » duites, à la défense des places, des rivières, des défilés, » des postes et des pays très-accidentés, à ce qu'on appelle » enfin la petite guerre. Mais, pour long-temps encore, les » invasions qui exigent toujours la réunion des masses, » amènent des batailles et souvent des retraites en pays en- » nemi (opération la plus difficile et la plus dangereuse de la » guerre avec des troupes de nouvelle formation); enfin, ce » qu'on peut appeller la grande guerre, celle des pays ou- » verts, leur était interdite. »

Tome 1, page 55 : « Elle (l'armée du Rhin) n'était pas en » état de vaincre les armées prussienne ou autrichienne réu- » nies, en bataille rangée (en mai 1793), dans un pays aussi » ouvert que le Palatinat, et cela par les raisons que j'ai » données; mais on pouvait arriver au même but par des » combats partiels et répétés sur le terrain qui lui était » propre, c'est-à-dire dans les montagnes, les bois, les » vignes, les défilés, etc. Les troupes ne désiraient que com- » battre, elles ne manquaient ni de bravoure ni de dévoû- » ment, mais seulement de l'instruction nécessaire pour exé- » cuter ce qu'on appelle les grandes manœuvres. A cette » époque, nos soldats étaient individuellement supérieurs » aux Allemands, et un bataillon ou un escadron, un régi- » ment même, en auraient toujours battu un de nos ennemis

» de même force; une brigade eût encore conservé l'égalité
» sur toute espèce de terrain; mais avec des corps plus nom-
» breux, de plus grandes fractions d'armées, les ennemis
» avaient un avantage incontestable sur nous en plaine, par
» la célérité et la précision qu'ils pouvaient mettre dans leurs
» manœuvres. »

Tome 2, page 4 : « Malgré les progrès que les armées
» avaient faits pendant la dernière campagne, on pouvait
» encore hésiter à livrer des batailles à forces égales, dans un
» pays de plaines et découvert, eu égard à ce qu'on avait
» affaire aux troupes les plus manœuvrières de l'Europe; en
» revanche, la supériorité de notre infanterie paraissait dé-
» cidée dans un pays montueux et coupé, et dans toutes les
» actions qui tiennent de ce qu'on appelle la guerre de postes,
» ou la petite guerre. »

Les changemens à l'art de la guerre, dont je viens de
parler, avaient été préparés pendant cette longue paix dont
la France avait joui depuis la guerre de Sept-ans, ou furent
l'ouvrage des circonstances. Ainsi l'on manquait de tentes,
on prit l'habitude de bivouaquer; l'imprévoyance ou le défaut de moyens s'opposaient à ce qu'on fît des distributions
de vivres, ou à ce qu'on en fît de régulières et de suffisantes,
on y suppléa par la maraude ou en faisant nourrir les troupes
par l'habitant; l'argent manquait pour se procurer les chevaux, l'habillement et les équipages nécessaires aux troupes,
on y pourvut par des réquisitions. Les généraux en chef des
armées de la république se trouvèrent dès-lors affranchis de
ces entraves qui avaient formé jusqu'alors la partie la plus
embarrassante du commandement.

En ce qui concerne les grandes opérations de la guerre,
ce fut le comité de salut public, dirigé par Carnot, qui donna
la première impulsion; il fit abandonner aux généraux ce
la république ce système absurde de cordons qu'ils suivirent

2*

d'abord à l'imitation des généraux de la coalition, pour y substituer l'emploi des masses dirigées sur les points importans. Barère, c'est-à-dire Carnot, dont il reproduisait les opinions, s'exprima ainsi dans la séance de la Convention du 25 septembre 1793. « Depuis long-temps, le premier » principe pour tirer parti du courage du soldat, le principe » établi par Frédéric et celui de tous les grands généraux, » est d'avoir de grandes armées en masse, plutôt que de » partager ses forces. Au contraire, vous n'avez eu que des » armées disséminées, morcelées; même lorsqu'on les ras- » semblait en masse, des généraux, ignorans ou perfides, » les divisaient et les faisaient battre en détail, en les oppo- » sant toujours à un ennemi supérieur. Le comité a aperçu » le mal; il a écrit aux généraux de se battre en masse. Ils » ne l'ont pas fait, vous avez eu des revers. »

Ce fut pendant cette guerre que l'infanterie fit, pour la première fois, un emploi habituel de la formation du bataillon en colonne serrée et du déploiement de cette colonne.

A la fin de l'année 1793, on divisa les armées françaises en corps composés de douze bataillons, douze escadrons et vingt-deux bouches à feu; cette réunion de troupes reçut le nom de *division* (a). La division se composait de deux

(a) Le conseil de la guerre créé en 1787, M. de Brienne étant ministre de la guerre, et dans lequel Guibert était rapporteur, avait préparé plusieurs ordonnances qui furent la plupart promulguées avec le titre d'ordonnance provisoire, parce qu'on se réservait d'y apporter les changemens que l'expérience démontrerait utiles. L'ordonnance du 17 mars 1788 prescrit la formation des régimens, tant d'infanterie que de cavalerie en brigades, composées de deux régimens chacunes et commandées par un maréchal de camp : elle déclare cette formation invariable, « tant à la paix qu'à la guerre. » La même ordonnance prescrit la formation des troupes en vingt-et-une division qui devaient être « emplacées dans les différentes » provinces du royaume et composées de troupes des deux armes ou d'une » seule arme, suivant les circonstances locales, ou suivant les vues mili-

brigades de six bataillons chacune ; des généraux de division (aujourd'hui lieutenans-généraux) commandaient les
divisions ; des généraux de brigade (aujourd'hui maréchaux-
de-camp) commandaient les brigades. Ces généraux con-
servaient leurs commandemens pendant tout le temps de la
guerre, à moins qu'il ne leur fût ôté pour cause de mécon-
tentement, ou qu'ils ne fussent déplacés, parce qu'ils avaient
obtenu de l'avancement, ou enfin pour remplir quelque
mission importante. Il résultait de cette fixité dans le commandement, qu'une confiance réciproque s'établissait ordinairement entre les généraux et les troupes.

Les armées furent alors composées d'un certain nombre
de divisions, d'une réserve de cavalerie et d'une réserve
d'artillerie, ce qui simplifia singulièrement les fonctions du
commandement. Les généraux en chef n'avaient plus qu'à
transmettre des ordres aux généraux des divisions et à ceux
qui commandaient les réserves d'artillerie et de cavalerie.

Sous l'empire, les armées étant devenues encore plus
nombreuses, Napoléon les divisa en corps d'armée ; chaque
corps d'armée était composé de deux divisions au moins ; on
n'attacha plus de cavalerie aux divisions, mais seulement aux
corps d'armée (a), et on leur donna une réserve d'artillerie.

• taires ou d'administration qui détermineront leur emplacement. » Le
nombre des bataillons et des escadrons qui devaient composer les divisions
était différent ; il était déterminé par un tableau. Je ne sache pas que cette
ordonnance ait été mise à exécution.

Dans le projet de réglement du 18 août 1788, on prescrivait la formation
de l'armée en divisions d'infanterie et en divisions de cavalerie ; ces divisions devaient être commandées par des officiers généraux qui avaient
servi dans ces armes respectives.

(a) Je pense qu'il est utile d'attacher un peu de cavalerie aux divisions
même lorsque l'armée est divisée en corps d'armée, et qu'il n'en fau
moins donner une réserve de cavalerie à chaque corps d'armé

Les campemens et les distributions de vivres n'apportant plus d'obstacles aux mouvemens des troupes, elles se mettaient en marche aussitôt qu'elles en recevaient l'ordre, et atteignaient leur destination le jour désigné, à moins d'événemens extraordinaires : par les mêmes raisons, on leur faisait facilement exécuter des marches forcées quand on le jugeait nécessaire. Les trois armes, dans chaque division, se secondaient et se soutenaient réciproquement sans que le général en chef eût à s'en occuper. L'usage de ployer l'infanterie en colonnes serrées et de déployer ces colonnes, facilita singulièrement l'exécution des grandes manœuvres.

Loin de s'astreindre à suivre toujours le même ordre de bataille, on le variait selon les localités et les circonstances. On n'ouvrait plus de chemins que lorsqu'il y avait urgence pour prendre position ou pour se déployer en présence de l'ennemi. Jusqu'à ce moment, on suivait les grandes routes et les chemins qui étaient d'ailleurs devenus meilleurs et beaucoup plus nombreux (a) qu'autrefois.

Aucun obstacle, autre que ceux créés par l'ennemi, ne s'opposant plus aux marches des troupes, on ne craignait point d'occuper plusieurs routes avec les différens corps d'une même armée; pourvu qu'il fût possible de les réunir en un ou deux jours, ne fût-ce qu'au moyen de marches forcées. Lorsque cette concentration devenait nécessaire, la marche des troupes ne discontinuait pas plus la nuit que le jour pour éviter les encombremens et les retards.

Par toutes ces causes, les déploiemens d'armée s'exécutaient avec beaucoup plus d'ordre, de précision et de promptitude que dans les précédentes guerres. « On a vu

(a) La longueur des routes royales est actuellement plus que quadruple de ce qu'elle était a la fin du règne de Louis XIV : il y avait deux mille lieues de routes royales à la fin de ce règne ; on en ouvrit six mille sous le règne de Louis XV.

» des armées de cent vingt mille hommes, dit Napoléon dans
» ses Mémoires (a), marchant sur une seule colonne,
» prendre leur ordre de bataille en six heures de temps. »

On avait augmenté successivement la quantité d'artillerie que les armées traînaient avec elles (b), sans doute pour
soutenir l'infanterie, parce que, pendant les dernières années de ces guerres longues et meurtrières, elle contenait
beaucoup de recrues et n'avait plus la même solidité; on eut
un beaucoup plus grand nombre d'obusiers proportionnel-
lement au nombre des bouches à feu (c). On put traîner,
avec les troupes, une aussi grande quantité d'artillerie,
moins encore parce que le matériel de cette arme avait
éprouvé des perfectionnemens, que parce que les troupes,
ainsi que je l'ai dit, suivaient les grandes routes et les chemins jusqu'à ce qu'on se déployât pour en venir aux mains.

Après une bataille décisive, le vainqueur, au lieu de
suivre le vaincu à pas de tortue, pouvait le poursuivre à
outrance, se contentant de bloquer les places fortes,
ordinairement avec moins de troupes qu'elles n'en contenaient. On conçoit quelles pertes devait essuyer le vaincu,
surtout lorsque sous l'empire les armées furent devenues si

(a) *Mémoires de Napoléon*, tom. II, pag. 175.

(b) Pour donner tout à la fois une idée de l'augmentation de l'artillerie
et du perfectionnement de son matériel et de ses manœuvres, il suffira de
faire remarquer qu'à Malplaquet, la bataille la plus sanglante de la guerre
de la Succession, les Français ne tirèrent que 11,000 coups de canon, tandis qu'à Wagram ils en tirèrent 71,000, et à Leipsick 175,000.

La France eut sous Henri IV, 400 bouches à feu d'artillerie de terre; à
la mort de Louis XIV, 7,192; sous Louis XV, 8,685; sous Louis XVI,
10,007; sous Napoléon, en 1813, 27,976.

(c) Depuis 1793, les obusiers formèrent, dans l'armée française, presque le tiers du nombre total des bouches à feu de campagne. Les Autrichiens et les Prussiens avaient donné les premiers cet exemple. Auparavant, les obusiers n'entraient que pour un seizième dans la composition des
équipages d'artillerie de campagne, et formaient des batteries séparées.

nombreuses, et qu'elles traînèrent avec elles une si grande
quantité d'artillerie ; mais c'était surtout les suites de la bataille qui lui devenaient funeste.

Tout ce qui traînait, personnel ou matériel, tombait au
pouvoir du vainqueur. Si la retraite s'exécutait sur plusieurs
routes, des corps ou des portions de corps pouvaient
être coupés et contraints à mettre bas les armes ; si elle
s'exécutait en pays ennemi, l'habitant prenait quelquefois
les armes pour attaquer les traîneurs et les maraudeurs ;
dans le cas contraire, la désertion à l'intérieur occasionait
souvent de grandes pertes : si enfin cette retraite se prolon-
geait, le découragement s'emparait des troupes ; souvent
aussi le désordre et la désorganisation s'introduisaient dans
l'armée et faisaient dégénérer la retraite en déroute.

Dans l'armée du vainqueur, au contraire, tout ce qui
traînait était soigné dans les hôpitaux ou réuni dans des dépôts ; les troupes étaient remplies de ce zèle et de cette
ardeur que donne la victoire ; il n'y avait, pour ainsi dire,
point de désertion à l'ennemi ; celle à l'intérieur devenait
presque impossible.

La guerre, par suite de ce nouvel ordre de choses, prit
un caractère d'activité, de résolution et d'audace, qu'elle
n'avait point eu depuis l'adoption des armes à feu ; elle devint accablante pour le vaincu ; elle enrichit le vainqueur :
une bataille décida souvent du sort d'un empire (a).

_____

(a) Le fragment suivant de la lettre du général Buonaparte, au directoire, peint en peu de mots le caractère nouveau qu'avait pris la guerre.

AU DIRECTOIRE EXÉCUTIF.

Au quartier général, à Vérone, 1er pluviose an V (20 janvier 1797).

« .... Quant à des généraux de division, à moins que ce ne soient des of-
« ficiers distingués, je vous prie de ne point m'en envoyer ; car notre ma-
« nière de faire la guerre est si différente des autres, que je ne veux pas con-

On voit, qu'en opposition avec ce qui s'était pratiqué au commencement du XVIIe siècle, on faisait la guerre aux forces organisées beaucoup plus qu'aux places, aux camps retranchés, et aux positions.

Que si l'on m'opposait la campagne de Russie, en 1812, pendant laquelle les pertes des armées de Napoléon, même pendant cette période où il fut victorieux, furent plus fortes que celles des Russes, je répondrais que cela tint à des circonstances extraordinaires, et que ce sont de ces exceptions qui confirment la règle. En effet, l'immensité de l'empire, qu'attaquait ce conquérant, permettait à son adversaire d'éviter une bataille; aussi l'armée russe avait-elle déjà exécuté plus de deux cents lieux de retraite, lorsque Koutousof combattit volontairement à Borodino, non pas pour le salut de la Russie qu'il compromettait, mais pour celui de Moskou; par les mêmes raisons, il était difficile de couper les corps détachés.

Les troupes russes étaient alors celles sur le moral desquelles les succès et les revers exerçaient le moins d'influence; la désertion à l'intérieur leur était en quelque sorte inconnue, parce que les soldats servant vingt-cinq ans, ne revoyant presque jamais leurs foyers, ne connaissaient que leurs drapeaux. Néanmoins, l'armée russe fit des pertes sensibles, par la désertion qui se manifesta parmi les soldats d'origine polonaise, lorsqu'une partie des provinces polonaises que possédait la Russie, eurent été envahies.

Napoléon ne pouvait pas, sans faire des pertes énormes,

» fier une division sans avoir éprouvé, par deux ou trois affaires, le géné-
» ral qui doit la commander..... Il est essentiel, pour l'armée et pour la
» république, de m'envoyer ici des jeunes gens qui apprennent à faire la
» guerre de mouvement et de manœuvres : c'est celle qui nous a fait ob-
» tenir de grands succès dans cette armée. »

Signé, BUONAPARTE.

parcourir rapidement ces pays peu peuplés et dénués de
ressources, comme il avait fait l'Allemagne, l'Italie et
l'Espagne. Aussi ce ne fut pas le fer ennemi qui détruisit
son armée, mais les fatigues qu'occasionaient aux troupes
des bivouacs continuels et des marches rapides et prolon-
gées, les privations excessives qu'elles éprouvèrent, l'insuf-
fisance et le mauvais état des hopitaux. Napoléon outra le
nouveau système de guerre dans un pays où il n'aurait dû
l'appliquer qu'en y apportant de nombreuses modifications.
Toutefois, l'on doit convenir que les forces dont il disposait,
et l'étendue de ses ressources pécuniaires, lui permet-
taient de faire d'énormes sacrifices ; et que, si la bataille de
la Moskwa eût été décisive, il contraignait la Russie à subir
sa loi.

Le maréchal Gouvion Saint-Cyr exprime, tome IV,
page 46 de ses Mémoires, son opinion sur *le genre de
guerre nouveau* que Buonaparte avait introduit pendant
la campagne de 1796. Je le citerai textuellement. « On
» peut dire que Buonaparte introduisit un genre de guerre
» nouveau bien adapté à son caractère et qui consistait à
» tirer des hommes tout le parti possible, soit dans les mar-
» ches ou dans les combats. En moins de deux mois, il fai-
» sait exécuter à son armée autant de travaux que d'autres
» dans une campagne entière : aussi chaque série d'opéra-
» tions qu'il tentait et qui se composait de marches forcées,
» de combats ou de batailles sanglantes, il la proclamait une
» campagne. En doublant les marches des soldats pour les
» faire combattre le matin sur un point, à midi ou le soir
» sur un autre, il réussissait à se donner partout la supé-
» riorité du nombre, avec des forces en général inférieures
» à celles de ses adversaires. Mais aussi la perte que le feu de
» l'ennemi faisait éprouver à ses troupes, était en raison de
» la quantité d'affaires où il les avait prodiguées ; elle devait

» être aussi grande pour son armée, en deux mois, que pour
» d'autres en six. Quant à la consommation d'hommes, ré-
» sultant des privations et des fatigues, elle devait croître
» dans une proportion beaucoup plus grande; car la fatigue
» extraordinaire est ce qui détruit, avec le plus de rapidité,
» les hommes, les chevaux et le matériel des armées. Aussi
» un pareil système, quelques avantages qu'on voulût lui
» supposer, ne conviendrait qu'à un état qui pourrait re-
» nouveler ses armées tous les trois mois, comme Buona-
» parte renouvelait les siennes lorsqu'il disposait de toutes
» les forces de la France et d'une partie de celles de l'Eu-
» rope (a).

   » La campagne de 1796 fut encore celle où il le mit en
» pratique avec plus de modération (1); et je lui ai ouï dire,
» long-temps après, qu'il la regardait comme sa plus belle.
» Ce serait donc celle qu'il faudrait choisir de préférence
» pour apprécier convenablement les avantages et les incon-
» véniens de ce système. La manière si différente de faire la
» guerre aux armées d'Allemagne et d'Italie fournirait une
» ample matière aux comparaisons; elle ferait connaître les
» bonnes ou les mauvaises méthodes qui s'étaient introdui-

(a) Les réflexions du maréchal Gouvion-Saint-Cyr, sur le système de
guerre qu'employait Buonaparte, ne me paraissent justes que dans le cas
particulier où les pertes du général qui emploierait ce système seraient
beaucoup plus fortes que celles de ses adversaires, ainsi par exemple qu'il
arriva à Napoléon en 1812, pendant l'expédition de Russie. Qu'importent
en effet les pertes si l'on obtient des succès, et que celles de vos adversaires
soient encore plus fortes ?

   (1) « Il parvint bien à attirer successivement sur ses champs de bataille.
» en Italie, pour réparer ses pertes, l'armée des Alpes, ensuite celle de
» l'Ouest et presque tout ce qui était resté dans l'intérieur, plus une partie
» de celles de Rhin-et-Moselle et de Sambre et Meuse, mais toutes ces
» ressources étaient bien faibles pour lui en comparaison de celles que lui
» fournissait plus tard un sénatus-consulte.

» tes dans nos armées, et qui agissaient sur elles autant que
» le caractère des généraux qui les commandaient. Bien en-
» tendu que, pour prononcer définitivement sur la valeur de
» tel ou tel système de guerre, il faudrait avoir égard aux
» circonstances et au degré d'habileté des chefs. Ce travail
» demanderait un militaire éclairé, impartial, étranger
» même aux opérations des armées qu'il s'agirait de com-
» parer. »

Tome IV, page 162 : «Mais il (Buonaparte) ne pouvait
» se plaindre du Directoire qui n'imposait pas tout le fardeau
» de la guerre à son armée, qui aurait eu plus de garanties
» du succès dans le concours des autres, et qui lui fournis-
» sait des troupes, non pas autant peut-être qu'il l'aurait
» désiré, mais certainement autant qu'il le pouvait : car ce
» gouvernement n'avait pas à sa disposition le nombre de
» soldats que Buonaparte a pu se procurer dans la suite, et
» qui cependant n'a jamais suffi à l'immense consommation
» qu'entraînait son système de guerre. »

En mettant sous les yeux de mes lecteurs les divers changemens survenus dans l'art de la guerre, depuis 1700 jusqu'à la paix de Paris en 1814, je me suis surtout attaché à
faire ressortir la différence entre la manière dont se faisait
la guerre au commencement du dix-septième siècle, c'est-à-
dire pendant la guerre de la Succession d'Espagne et pendant les guerres de la révolution française, particulièrement
sous l'empire. On a vu combien l'art de la guerre était différent à ces deux époques, et l'on a dû se convaincre qu'à
la seconde, on suivait un système de guerre nouveau com-
parativement à celui que l'on suivait à la première.

C'est d'une comparaison entre les campagnes de la guerre
de la Succession d'Espagne et celles des guerres de la révolution française, mais incomplète et superficielle, que M. le

général Valazé a conclu que le système de guerre n'était pas changé depuis 1700; il s'exprime ainsi à ce sujet :

« Cependant, depuis 1700, nos soldats sont armés de fu-
» sils à baïonnette, de sabres et de pistolets, qui n'ont changé
» ni de forme ni de portée; les canons ne sont ni plus gros
» ni plus forts, et ce qui étonnera peut-être, aucune de nos
» armées n'a été plus nombreuse dans les guerres de la ré-
» volution et de l'empire qu'elles ne l'étaient dans les temps
» antérieurs.

» Après nos désastres de Hochstædt et de Ramillies, le
» duc de Bourgogne essaya, en 1708, à la tête de cent-vingt
» mille combattans, de faire lever le siége de Lille que Marl-
» borough et Eugène avaient entrepris. Après la perte de
» cette place et de Tournai, la victoire fut disputée dans les
» plaines de Malplaquet par trois cents mille combattans;
» c'est ce que disent les relations allemandes. Les bulletins
» officiels autrichiens et français prouvent qu'il n'y avait pas
» trois cents mille combattans dans les plaines de Wagram.
» Il s'en faut que l'on en comptât deux cents mille à Fleu-
» rus, à Watignies, à Rivoli, à Marengo, à Hohenlinden, à
» Austerlitz, à Iéna, à Friedland, et même à la Moskwa,
» où nous étions moins nombreux qu'à Fontenoi.

» Comment donc, en y réfléchissant, admettre que depuis
» 1792 on a fait la guerre autrement qu'en 1700 et 1740,
» et que par conséquent le système de guerre actuel soit dif-
» férent de celui qu'on suivait au commencement du siècle
» dernier? »

M. le général Valazé évalue la force des armées, pendant la guerre de la Succession et pendant celles de la révolution française, par le nombre des combattans réunis sur les champs de bataille; il tombe dans une étrange erreur : et d'abord ce ne fut pas avec cent vingt mille combattans, mais avec quatre-vingt-seize mille seulement, que le duc de

Bourgogne tenta de faire lever le siége de Lille; les armées
qui combattirent à Malplaquet ne comptaient pas trois cent
mille hommes, mais environ deux cent mille ; et l'armée
française de Fontenoi était beaucoup moins nombreuse
que celle de la Moskwa (a). En supposant même que les
citations de M. le général Valazé fussent exactes, la conclusion qu'il en tire relativement à la force des armées n'en serait pas moins fausse, puisque les armées de ces derniers
temps, faisant des pertes énormes autrement que par le fer
de l'ennemi, avaient déjà éprouvé de grandes diminutions (b),
avant que de livrer une bataille, à moins que ce ne fût au
début d'une campagne.

Ce fut particulièrement sous l'empire que les armées de-
vinrent très-nombreuses; mais on commettrait de grandes
erreurs si on les évaluait par le nombre des combattans qui
parurent sur les champs de bataille. Ainsi, par exemple,
Napoléon attaqua la Russie, le 24 juin 1812, avec quatre
cent soixante-dix-sept mille combattans; pendant six mois
que ce conquérant occupa une partie des provinces russes,
il pénétra dans ces provinces six cent dix mille combattans,
et si l'on évalue à trente-sept mille le nombre des absens,
déduction faite de ceux qui rejoignirent, on voit que l'effec-
tif des corps qui pénétrèrent sur le territoire russe fut de
six cent quarante-sept mille combattans.

(a) A Malplaquet, l'armée française comptait environ 80,000 hommes,
et l'armée ennemie 120,000. A Fontenoi, l'armée française était d'environ
70,000 hommes dont 46,000 qui furent engagés et 24,000 qui étaient échelon-
nés depuis la place de Tournai, située à une lieue et demie de Fontenoi,
jusqu'au champ de bataille.

(b) Le lieutenant-général Rogniat, dans l'ouvrage intitulé *Réponse aux
notes critiques de Napoléon*, pag. 145, prétend que « les soldats de Louis XIV
» lui duraient dix ans, terme moyen, même au sein de la guerre; au lieu
» que ceux de Napoléon, dans ses dernières campagnes, lui duraient à
» peine deux ans. »

L'armée française de la Moskwa comptait environ cent vingt mille combattans, et quoiqu'il ne se fût écoulé que deux mois et demi depuis le commencement des hostilités, quoiqu'une partie des corps qui la composaient n'eussent point encore été engagés, cette même armée avait compté plus du double de ce nombre de combattans au commencement des hostilités (a).

Il y avait d'ailleurs à cette époque, indépendamment de cette armée principale, qui combattit à la Moskwa, un corps d'armée sur la Dwina, un autre en Wolhinie, un autre corps d'armée de réserve qui pénétrait en Russie, un second corps d'armée de réserve en Allemagne, et enfin, on organisait en France une armée de réserve. Dans le même temps, Napoléon entretenait en Espagne une nombreuse armée (b) qui faisait dans ce pays une guerre très-animée. Ainsi, lors même que les Français auraient été plus nombreux sur le champ de bataille de Fontenoi que sur celui de la Moskwa, on n'en pourrait rien conclure sur la force respective des armées françaises à ces deux époques. Mais c'est surtout de ce que « depuis 1700 nos soldats sont armés » de fusils à baïonnettes, de sabres et de pistolets, qui n'ont » changé ni de forme ni de portées, et de ce que les canons » ne sont ni plus gros ni plus forts actuellement qu'alors, » que M. le général Valazé conclut que le système de guerre n'est pas changé.

Depuis 1700, il est vrai, les troupes sont armées de sabres, de pistolets, et depuis 1703, de fusils à baïonnette, et les canons n'ont pas augmenté de calibre; mais on a vu que l'armement avait éprouvé depuis cette époque quel-

---

(a) Ces renseignemens sont tirés de mon *histoire de l'expédition de Russie*.

(b) Il y avait alors en Espagne cinq corps d'armée dont un seul comptait 40,000 hommes.

ques modifications importantes : le remplacement de la baguette de bois par celle de fer, l'emploi des obusiers en campagne, l'augmentation de l'artillerie et le perfectionnement
de son matériel. Je citerai l'invention du tir à ricochet,
quoiqu'elle date du siége de Philisbourg en 1688; invention
qui donna une si grande supériorité à l'attaque sur la défense, pour faire voir que la même arme peut produire des
effets bien différens selon la manière de s'en servir.

En supposant même que l'armement fût tel actuellement
qu'il était pendant la guerre de la Succession, comment pour-
rait-on en conclure que le système de guerre n'est pas
changé, lorsque l'emploi des armes, la formation des troupes,
leurs manœuvres, leurs méthodes de guerre ont éprouvé,
ainsi qu'on l'a vu, de si grands changemens ?

CHAPITRE II.

Du rôle que les places fortes ont joué depuis 1700 jusqu'en 1815.

Après les batailles de Ramillies (23 mai 1706), d'Oude-narde (11 juin 1708), de Malplaquet (11 septembre 1709), les généraux Marlborough et Eugène ne poursuivirent, pour ainsi dire, point les Français, et se bornèrent à faire des siéges (a). M. le général Valazé en conclut, sans en donner d'autres preuves, que ce furent les places fortes qui les arrê-tèrent. Mais après Hochstædt (13 août 1704), bataille beau-coup plus désastreuse pour les armes françaises, que celles que je viens de citer, les généraux n'avaient pas même suivi l'armée française; ils étaient restés campés six jours sur le champ de bataille, et ils n'atteignirent le Rhin à Philisbourg que le 6 septembre; cependant aucune place forte ne leur opposait d'obstacle.

Non, ce ne furent point les places fortes qui empêchèrent des généraux, tels que Eugène et Marlborough, de profiter

---

(a) A Ramillies, l'armée de Villeroy était un peu plus nombreuse que celle de Marlborough; après cette bataille, le général français reçut des ren-forts, et s'il avait réuni à son armée une partie des garnisons des places voisines, elle serait devenue beaucoup plus nombreuse que celle de son ad-versaire. Il fit tout le contraire; il dissémina ses troupes en postes et en garnisons, et renonça ainsi à tenir la campagne. Marlborough n'en profita que pour faire des siéges; il prit treize places qui ne lui coûtèrent que cin-quante jours de tranchée et ne lui firent essuyer que de faibles pertes.

3

du gain des batailles ; ce furent, avant tout, les causes que
j'ai développées précédemment ; aussi ces causes ayant
cessé d'exister pendant les guerres de la révolution française, une partie des batailles eurent d'immenses résultats.

Villars lui-même, auquel on ne contestera point d'avoir été
entreprenant et plein de résolution ; Villars qui disait, *qu'on*
périt par la défensive, était lié par les mêmes entraves.
Quels résultats n'aurait-il pas obtenus, sans cela, de cette
affaire de Denain, qui, dit le maréchal de Saxe (a), « fit une
» différence de plus de cent bataillons sur les deux armées ;
» car le prince Eugène fut obligé de jeter du monde dans toutes
» les places voisines. Le maréchal de Villars, voyant que les
» alliés ne pouvaient plus faire de siége, tous leurs magasins
» étant pris, tira des garnisons voisines plus de cinquante ba-
» taillons, qui grossirent tellement son armée, que le prince
» Eugène, n'osant plus tenir la campagne, fut obligé de
» jeter tout son canon dans le Quesnoy, qui y fut pris. »

Je ferai observer, à cette occasion, qu'on ne devrait jamais comparer les généraux de deux époques différentes,
sans tenir compte de l'état de l'art de la guerre à chacune de
ces deux époques, Il serait absurde de reprocher à des généraux qui n'avaient à leur disposition que des moyens si
différens de ceux dont disposaient les généraux de ces derniers temps, de n'avoir pas obtenu d'aussi grands résultats.

Mais puisque M. le général Valazé cite des faits historiques
à l'appui de son opinion sur les places fortes, qu'il fasse
donc connaître à quoi servirent trente-trois places fortes
que les Français possédaient en Italie avant la mémorable
campagne de 1706.

Eugène, très-inférieur en forces aux Français, mais se-
couant en partie les routines du temps, part du Véronnais,

(a) Maurice, comte de Saxe, *rêveries*, liv. II, chap. 4

passe l'Adige et le Pô, malgré l'armée de Vendôme, remonte le Pô par sa rive droite, sans s'inquiéter des places fortes qu'occupaient les Français (a), et vient opérer sa jonction avec Victor Amédée II à Villa-Stellon. Il repasse ensuite le Pô, franchit la Doire, en quelque sorte sous les yeux des Français, et, malgré l'infériorité de ses forces, les attaque et les bat dans leurs lignes devant Turin.

Cette victoire eut des résultats immenses : l'armée battue rentra en France, une partie des places fortes tomba au pouvoir d'Eugène; et Louis XIV s'estima heureux de conclure un arrangement par suite duquel il rendait toutes les autres, à cette seule condition, que les garnisons rentreraient en France.

Si l'on examine quelle fut l'influence des places fortes considérées dans leur ensemble, aux époques mémorables de la guerre de la Succession, dont je viens de parler, on voit que peu de jours avant la bataille d'Hochstædt, l'électeur de Bavière, effrayé de l'arrivée des armées d'Eugène et de Marlborough sur son territoire, dispersa aussitôt dans ses places plus de soixante mille hommes, presque tous Bavarois; il ne resta avec l'armée française que cinq bataillons et trente-trois escadrons de cette nation. Le sort de la Bavière n'en fut pas moins décidé dans les champs d'Hochstædt, les places tombèrent successivement au pouvoir du vainqueur; l'électeur fut dépouillé de ses états pendant dix ans.

Si, au contraire, l'armée bavaroise se fût réunie à l'armée française, au lieu de se disperser dans les places; ces deux armées auraient acquis, par leur réunion, une telle

(a) Eugène passa entre Tortose et Alexandrie, places fortes occupées par les Français et situées à une petite journée l'une de l'autre; il se trouvait alors aussi à quelques lieues seulement de Valence.

supériorité de forces, sur celles des ennemis, qu'Eugène et Marlborough auraient été réduits à rester sur la défensive; et que s'ils avaient osé en venir aux mains, toutes les chances de succès que l'on peut souhaiter à la guerre, auraient été en faveur de l'armée française.

A l'époque des batailles de Ramillies, d'Oudenarde, de Malplaquet, l'armée française était sur la défensive, et elle avait des garnisons dans un grand nombre de places; mais, si une partie seulement de ces garnisons eût été réunie aux armées qui livrèrent ces batailles, toutes les probabilités portent à croire que les Français auraient été vainqueurs, et que le sort de la guerre eût été changé.

En Italie, si les Français, au lieu de conserver trente-trois places fortes, dans lesquelles ils avaient des garnisons, n'avaient conservé de ces places que celles qui leur étaient d'une utilité incontestable pour leur servir de dépôts, pour occuper des points importans, pour maintenir ou intercepter des communications essentielles, pour s'assurer des passages sur les principales rivières, et qu'ils eussent fait raser toutes les autres; l'armée de Vendôme eût été tellement supérieure en force à celle d'Eugène, que ce dernier n'aurait pu entreprendre cette marche audacieuse, qu'il exécuta avec tant de talent et de bonheur, sans s'exposer, pour ainsi dire, à une perte certaine (a).

Toutefois il faut bien se garder d'attribuer aux places fortes les désastres occasionnés par les sottises que les généraux auraient faites à leur occasion. Je n'hésite pourtant point à affirmer qu'il est nuisible à un grand état d'en avoir

---

(a) Les troupes françaises qui étaient alors en Italie étaient excellentes et elles le prouvèrent bien à Crémone (1ᵉʳ février 1702), à Castiglione (8 septembre 1706); toutes les fois enfin qu'elles ne furent point accablées par le nombre, ainsi que cela arriva à la bataille de Turin, où toute l'armée d'Eugène attaqua la gauche des Français qui ne put être secourue.

un trop grand nombre sur ses frontières, surtout lorsque ces places sont trop rapprochées les unes des autres; et celles du nord de la France présentaient alors cet inconvénient. Elles avaient d'ailleurs été construites à différentes époques, par diverses puissances, et c'est ternir la mémoire de Vauban que de donner à leur assemblage incohérent le nom de *système de Vauban.*

On sait que ce fut Louvois qui engagea Louis XIV à faire construire un aussi grand nombre de places fortes; et que Vauban ne craignit point de dire qu'on lui faisait fortifier beaucoup de points inutiles. Il écrivait à Catinat en avril 1687.

« Vous avez raison de dire que ce trop de places en » France, est un inconvénient dont on ne s'apercevra point » tant qu'on sera autant en état d'attaquer que de se dé- » fendre; j'en conviens fort avec vous. Mais, s'il arrivait une » grosse guerre, il serait fort à craindre qu'il ne parût dès » la première campagne. Je pars encore de chez moi dans » sept ou huit jours, pour aller faire le projet d'une nouvelle » place, chose qui n'est point encore de mon invention ni » de mon goût, quoique la situation en soit assez considé- » rable. »

Vauban composa depuis deux Mémoires, l'un en novembre 1705, l'autre en février 1706, dans lesquels il émet une opinion entièrement opposée à celle que je viens de rapporter. Je conviens que cette dernière opinion a plus de poids, puisque Vauban avait plus d'expérience à la deuxième époque qu'à la première; mais indépendamment de ce que chaque profession est animée d'un esprit particulier et a des préjugés dont il est bien difficile, même aux hommes les plus remarquables, de se dépouiller entièrement, l'art de la guerre a éprouvé de tels changemens depuis Vauban, qu'il est probable qu'actuellement ce grand homme pense- rait tout différemment sur ces matières.

M. le général Valazé passe de la guerre de la succession d'Espagne aux guerres de la révolution française, sans s'occuper de la guerre de Sept-ans qui fut si intéressante par les progrès qu'elle fit faire à l'art. Cette guerre est d'ailleurs celle de l'époque qu'il a examinée, pendant laquelle les places fortes ont joué le rôle le plus important; ce fut avec leur appui que le grand Frédéric, réduit à un si petit territoire et entouré d'ennemis, parvint à leur résister. Son matériel de guerre et ses approvisionnemens de vivres étaient disséminés dans ses places qui, pour la plupart, pouvaient fournir son armée de matériel de guerre et de vivres pendant un temps suffisant : il pouvait ainsi changer de base et de ligne d'opération lorsqu'il le jugeait utile.

Mais les armées qui lui furent opposées se montrèrent encore plus lentes, plus lourdes et moins manœuvrières que ne l'avaient été les armées du temps de la guerre de la Succession. Il n'eût pu de nos jours tirer le même parti de ces places; il aurait été contraint, après avoir perdu une bataille, de les abandonner à leurs propres forces, ou d'y renfermer son armée, et elles seraient tombées successivement au pouvoir du vainqueur.

« Au début de notre guerre de la révolution, dit M. le gé-
» néral Valazé, nos revers furent presque constans. Si ce-
» pendant nos ennemis se sont attachés à faire des siéges,
» c'est que, malgré leurs succès, ils nous trouvaient toujours
» autour d'eux avec des armées respectables par leur force,
» à tel point qu'elles ont pu les battre et que, grâce à nos
» places, Dumourier, Kellerman, Houchard, Jourdan, etc.,
» se trouvaient vis-à-vis des confédérés dans la même situa-
» tion que Vendôme, Boufflers et Villars, devant Eugène et
» Marlborough.

» Du rôle que les places ont joué dans tant de guerres,
» on est en droit de conclure, je pense, que rien n'étant

» changé dans les armes ni dans la force des armées, nos
» places doivent nous rendre les mêmes services qu'au-
» trefois.

» Mais poursuivons, car c'est dans nos conquêtes depuis
» 1792, que l'on puise surtout des argumens pour soutenir
» qu'il existe actuellement un système de guerre contre le-
» quel la multiplicité des places ne présente plus les mêmes
» avantages. »

M. le général Valazé cite ensuite plusieurs des campagnes
de la révolution française, à l'appui de son opinion sur les
places fortes et sur ce que le système de guerre n'est pas
changé.

Si un général victorieux s'arrête, et que celui qui a
éprouvé des revers possède des places fortes sur le théâtre
de la guerre, M. le général Valazé attribue aussitôt à l'influence de ces places fortes cette inaction du vainqueur. Si,
au contraire, se contentant de masquer ou de bloquer les
places, il continue à pousser l'armée vaincue, M. le général
Valazé prétend que c'est parce que cette dernière armée,
au lieu de se retirer, aurait dû prendre position au milieu
de ces places fortes; et enfin, si le vainqueur envahit un
pays dénué de places, il prétend qu'il ne l'aurait pu s'il y
en avait eu. Il se résume ainsi qu'il suit :

« En résumé, nos armes n'ont pas changé de nature et de
» forme depuis 1700, et jamais, dans les guerres dernières,
» nous n'avons eu sur les champs de bataille plus de com-
» battans que dans la guerre de la Succession et celles qui
» l'ont suivie.

» Toutes les fois que les armées vaincues ont pris position
» auprès des places qui leur appartenaient, les armées victo-
» rieuses ont été obligées de faire des siéges.

» Si, dans les dernières guerres, des conquêtes ont été
» faites sans entreprendre de siéges, ce n'est point par l'ef-

» fet d'un système de guerre nouveau, c'est tout simplement
» parce que les armées victorieuses devaient retrouver leurs
» ennemis sur un théâtre où il n'y avait point de places fortes;
» ou bien, s'il y en avait, elles n'étaient point au pouvoir des
» vaincus.

» Il n'y a point de raisons pour que nos généraux soient
» moins habiles et nos soldats moins bons qu'ils n'ont été
» dans d'autres temps; d'où il résulte que les armées qui at-
» taqueraient actuellement la France trouveraient les nôtres
» sur les frontières, au milieu de nos places, et seraient
» obligées, quels que fussent leurs succès, à faire autant de
» siéges qu'autrefois.

» Par conséquent, si on réduisait le nombre de nos forte-
» resses, et que nous fussions malheureux dans une guerre,
» nos ennemis auraient moins de siéges à faire qu'autrefois,
» avant que de pénétrer au cœur du royaume, et moins de
» difficultés pour arriver à nous dicter des lois. D'après cette
» conclusion, il me paraît impossible de regarder comme
» amis de leur pays, les Français qui proposeraient de ré-
» duire le nombre de nos forteresses. »

En ce qui concerne le système de guerre suivi pendant
la guerre de la Succession, et pendant les guerres de la révolution française, je ne pourrais rien ajouter aux détails que
j'ai déjà donnés à cet égard, et l'on se convaincra de leur
exactitude si l'on veut étudier à fond ces guerres. Relativement au rôle que M. le général Valazé prétend que les places
fortes ont joué, j'avouerai que je suis presque toujours
d'une opinion toute différente de la sienne. Néanmoins, ne
voulant point entamer une polémique trop étendue à cet
égard, et la croyant peu utile, après ce qui a été dit précédemment, je me contenterai d'une réfutation succincte.

Quant à ce que dit M. le général Valazé, « qu'il lui paraît
» impossible de regarder comme amis de leur pays, les

» Français qui proposeraient de réduire le nombre de nos
» forteresses », cela ne peut être considéré, pour ainsi dire,
que comme un *lapsus calami*, car ce sont ces mêmes sen-
timens d'attachement à la patrie, qui lui font désirer que
l'on conserve le système actuel de places fortes et que l'on
entretienne toutes les places fortes existantes, qui portent
d'autres militaires à désirer tout le contraire.

Si les armées des coalisés n'envahirent point la France
au commencement des guerres de la révolution française,
on ne saurait en attribuer le principal mérite aux places
fortes. Elles n'empêchèrent point, en 1792, les Prussiens
de pénétrer en France, et il ne paraît point qu'elles aient
exercé de l'influence sur les motifs de leur retraite.

En 1793, après la prise de Valenciennes et de Condé,
l'armée des coalisés avait une telle supériorité sur l'armée
presque désorganisée de la république, que si les généraux
de la coalition l'eussent concentrée pour marcher sur Paris,
rien ne pouvait empêcher cette capitale de tomber en leur
pouvoir, et par conséquent ils auraient renversé la république. Mais les généraux de l'armée coalisée suivaient alors
un système de cordon qui consistait à étaler leur armée sur
la frontière pour tout couvrir; système absurde, car, en
voulant tout couvrir, on ne couvre rien, et l'on ne peut se
livrer ou donner de la suite à aucune entreprise vigoureuse.
Néanmoins leur grande supériorité leur avait permis de
réunir une masse bien supérieure à celle des républicains
sur cette partie du théâtre de la guerre; ils les chassèrent
du camp de César, poussèrent des partis jusqu'aux portes
de Cambrai et de Saint-Quentin, et firent trembler la convention et la société des Jacobins. Mais, par des motifs politiques, ils se divisèrent encore davantage pour entreprendre les siéges de Dunkerque et du Quesnoy.

La république, faisant alors des efforts inouis, augmenta

extraordinairement ses armées, acquit bientôt la supériorité du nombre sur ses adversaires, et ses opérations étant
d'ailleurs mieux dirigées, dans leur ensemble, que les leurs,
elle obtint de grands succès.

Jomini porte le jugement suivant sur la conduite des généraux des armées de la coalition, à cette époque (a) :
« Après la prise de Valenciennes, de Condé et de Mayence,
» on était autorisé à croire que, possédant une base d'opé-
» rations convenable, les vainqueurs poursuivraient sans
» relâche les restes de l'armée française. Les alliés ne comp-
» taient pas moins de deux cent quatre-vingt mille combat-
» tans de Bâle à Lille, forces respectables, qui, bien em-
» ployées, leur donnaient droit d'attendre les plus grands
» succès. L'emploi le plus heureux qu'ils semblassent pouvoir
» en faire, dans la position où elles se trouvaient alors pla-
» cées, était de s'avancer rapidement en deux grosses masses,
» de Valenciennes sur Soissons d'un côté, et de Mayence par
» Luxembourg, sur Rheims, de l'autre. En laissant même
» sur chaque flanc une réserve de quarante à cinquante
» mille hommes, pour couvrir les communications et mas-
» quer les places, on pouvait conduire en quinze marches,
» cent quatre-vingt mille hommes sous Paris, afin d'en chas-
» ser la convention. Ce but essentiel de la guerre une fois
» atteint, il importait alors de traiter avec la nation, sur
» des principes convenables à son repos, à sa dignité, et à
» l'intérêt général de l'Europe; non dans l'intérêt de l'An-
» gleterre, sa seule ennemie constante et irréconciliable.
» Mais, pour obtenir de semblables résultats, il fallait
» d'autres ministres que les Thugut et les Bischofswerder;
» d'autres généraux que ceux de la coalition.

» Aux motifs politiques qui commandaient d'en agir ainsi,

(a) Jomini, *Histoire des guerres de la révolution*, tom. IV, pag. 24.

» se réunissaient toutes les convenances militaires. Quand on
» combat une nation belliqueuse comme les Français, il im-
» porte surtout de mettre le temps à profit dans les succès :
» leur laisser le loisir de se reconnaître, c'était oublier tota-
» lement le but de la guerre. Les quatre mois les plus décisifs
» venaient de s'écouler dans une inaction blâmable ; cepen-
» dant il était peut-être encore temps d'y remédier. La ligne
» immense de ces frontières était gardée par des camps dé-
» fensifs isolés, dont les troupes découragées, n'avaient
» d'ailleurs, pour l'instant, aucune direction centrale qui
» pût combiner leur emploi d'une manière avantageuse et
» conforme aux principes de l'art. Si tout se préparait en
» France pour leur donner bientôt cette direction, il n'en
» est pas moins vrai que rien n'était encore disposé à la fin
» de juillet. »

M. le général Valazé dit « que, après la victoire de Fleurus,
» en 1794, les Français, poursuivant le cours de leurs succès
» sans que leurs ennemis s'arrêtassent pour combattre, fi-
» rent, dans les mois de janvier et de février 1795, et sans
» entreprendre un siège, la conquête de toute la Hollande,
» que ses places avaient toujours préservée d'un envahisse-
» ment ; mais que c'était au temps où l'on prenait des vais-
» seaux de guerre avec des charges de cavalerie ; et que les
» glaces rendaient les remparts en terre de la Hollande au
» moins aussi abordables que les coques des vaisseaux. »

M. le général Valazé a oublié de dire que les Français,
avant de porter leurs armes victorieuses en Hollande, avaient
repris cette partie de la France qui avait été envahie, et
avaient conquis les Pays-Bas autrichiens ; cela malgré les
places fortes qui ne les arrêtèrent point et qui tombèrent
bientôt en leur pouvoir.

Je conviendrai que la congellation des eaux était nuisible
à la défense de plusieurs des places de la Hollande, et a pu

contribuer à les faire tomber plus promptement au pouvoir
des Français. Mais en 1672, pendant l'été, Louis XIV s'empara aussi promptement de toutes ces places. Les Hollandais
y avaient enfoui les trois quarts de leur armée, ce qui rendit
Louis maître de la campagne ; ce monarque aurait achevé
la conquête de la Hollande, s'il n'eût mis dans sa marche
sur Amsterdam une lenteur qui donna le temps aux Hollandais de couvrir leur capitale par une inondation.

Louis ayant rendu aux Hollandais vingt-cinq mille prison-
niers, en échange d'une modique rançon, malgré l'avis de
Turenne et de Condé; ayant conservé toutes les places fortes
dont il venait de s'emparer, quoique les mêmes généraux
l'eussent engagé à les démanteler à l'exception de celles que
l'on jugeait indispensable de conserver pour servir de dépôts et assurer les communications ; l'armée hollandaise
s'accrut tandis que l'armée française éprouva une grande
diminution, à cause des nombreuses garnisons qu'elle dut
fournir. Aussi dès l'année suivante (1673) les Hollandais
prirent-ils l'offensive, et Louis, devant faire face à de nou-
veaux ennemis, ne voulant pas s'exposer à perdre un matériel considérable et de nombreuses garnisons, prit le sage
parti de ne conserver de toutes ces places que Grave et
Maëstricht.

Il ne resta que le souvenir de cette conquête et l'inscrip-
tion fastueuse qu'on lit encore sur la porte Saint-Denis. On
voit que les places fortes de la Hollande ne jouèrent pas un
beaucoup plus beau rôle en 1672 et 1673, qu'en 1795; il
en fut encore de même en 1814.

« Le traité conclu avec le roi de Sardaigne en 1796, dit
» M. le général Valazé, permit au général français de serrer
» de près les Autrichiens qu'il mena battant jusque derrière
» l'Adige où ils s'arrêtèrent; mais, comme ils avaient laissé
» une garnison dans Mantoue, le vainqueur de Lodi se vit

» forcé d'entreprendre le siége de cette place, et l'empereur
» d'Autriche ayant envoyé des armées pour empêcher le
» siége, le général Buonaparte fit comme Marlborough et
» Eugène devant Lille et Douai, il marcha sur ses ennemis ;
» moins heureux que ses devanciers, il fut obligé de livrer
» les batailles de Castiglione, de Roveredo, d'Arcole, de
» Rivoli, etc. etc., et de rester huit mois autour de Mantoue
» avant que d'y entrer.

» Après la reddition de cette place, l'armée française,
» fière de ses succès et confiante dans les talens de son chef,
» arriva tout d'un trait jusqu'à Léoben pour y imposer la
» paix à l'Empire d'Allemagne, etc. etc.

Ainsi donc, selon M. le général Valazé, ce fut Mantoue
qui arrêta le cours des succès du général Buonaparte ! Et
moi, je ne crains pas de dire qu'il aurait été heureux alors
pour l'Autriche que cette place n'existât pas, surtout parce qu'elle fut l'occasion de fautes énormes de la part de ses
généraux.

Mantoue avait de l'importance parce qu'elle était le dépôt
du matériel de guerre de l'Autriche pour porter la guerre
dans le midi ou dans le nord de l'Italie ; elle donnait un passage sur le Mincio, mais à quelques journées de la direction
que suivait naturellement une armée qui marchait contre
l'Autriché par le nord de l'Italie. Elle était en mauvais état ;
beaucoup moins forte d'ailleurs qu'on ne le croyait alors, et
point susceptible d'une longue défense contre une attaque
régulière entreprise avec des moyens suffisans. Cette place
n'était accessible que sur peu de points, ce qui permettait
de la bloquer avec des forces bien inférieures à celles de sa
garnison, en établissant quelques redoutes sur ces points ; sa
situation au milieu des eaux et des marais en rendait le sé-
jour très-malsain.

Beaulieu aurait dû ne composer la garnison de Mantoue

que de ses plus mauvaises troupes; il y entassa ses meilleu-
res. L'essentiel n'est pas la qualité des troupes qui composent
la garnison d'une place; mais le choix d'un bon commandant : un mauvais commandant se défendra mal avec de
bonnes troupes; un bon commandant se défendra bien avec
de mauvaises; il les rendra bonnes.

Mantoue était en dehors des communications de l'armée
française; elle fut toujours bloquée par moins de monde
qu'elle n'en contenait; elle ne contribua donc absolument
en rien à arrêter Buonaparte. Il s'arrêta parce qu'il n'avait
pas assez de forces pour pousser au-delà de l'Adige, et qu'il
aurait compromis le sort de son armée, ainsi que la suite
des événemens le prouva, s'il eût entrepris une telle opéra-
ration tant qu'il pouvait craindre de voir déboucher une
armée autrichienne en Italie, par le Tyrol.

Il était alors si peu en mesure de prendre l'offensive, que
ce furent les Autrichiens, sous Wurmser et Alvinzi, qui l'atta-
quèrent avec une grande supériorité de forces, une vigueur
extraordinaire, et que le plus beau titre de gloire de toute
la carrière militaire de Napoléon est peut-être de les avoir
battus dans ces conjonctures. On conviendra toutefois que le
général français fut admirablement secondé par les entreprises des généraux autrichiens pour débloquer et ravitailler
Mantoue : ces généraux commirent des fautes incroyables, et
perdirent des batailles d'où dépendait le sort de l'Italie, pour
avoir voulu atteindre ce but.

Wurmser, ayant consommé ses vivres, capitula enfin;
treize mille hommes valides, un grand nombre de malades,
cinq cents bouches à feu, de siége et de bataille, un équi-
page de ponts, furent les trophées du vainqueur.

Buonaparte, renforcé par les troupes qui avaient été employées au blocus de Mantoue, ne crut pas encore pouvoir
entreprendre une offensive vigoureuse et prolongée; ce ne

fut qu'après avoir été joint par trente-deux mille hommes (a) d'excellentes troupes tirées des armées de Rhin-et-Moselle, et de Sambre-et-Meuse, qu'il se décida à pénétrer dans les états héréditaires de l'empereur, et qu'il porta les armes victorieuses des Français jusqu'à Léoben, où le monarque autrichien effrayé signa les préliminaires de la paix.

Mantoue ne fut pas plus utile aux Français pendant la campagne de 1799, qu'elle ne l'avait été aux Autrichiens pendant celle de 1796; ou, pour m'exprimer d'une manière plus précise, ne leur fut guère moins nuisible. Les Français ayant perdu la bataille de Vérone (5 avril 1799), et s'étant retirés sur le Piémont, Mantoue fut d'abord bloquée, puis assiégée, et elle capitula après avoir essuyé quatorze jours de tranchée. Le corps d'armée qui en avait fait le siége, rejoignit l'armée des alliés avant la bataille de Novi, qui fut si vivement disputée; il coopéra si activement au gain de cette bataille, qu'on ne saurait contester que les alliés l'auraient perdue, s'il n'y eût pas pris part. Les Français, par suite de la possession de Mantoue, perdirent donc un matériel de guerre considérable qui fut très utile aux Austro-Russes; et une garnison qui, si elle eût combattu dans leurs rangs à Novi, leur eût probablement procuré la victoire.

Mais que parlé-je de Mantoue ! les Français ne perdirent-ils pas pendant cette seule campagne, l'Italie entière, où ils possédaient une si grande quantité de places fortes, qui toutes tombèrent successivement entre les mains de leurs ennemis ?

« Lorsqu'en 1805, dit M. le général Valazé, Napoléon fit

(a) Cette évaluation est celle du maréchal Gouvion Saint-Cyr dans ses Mémoires, tome IV, pages 159 et 147. Napoléon dit dans ses Mémoires, tome 4, page 29, « que ce détachement était évalué à 50,000 hommes, » mais qu'il n'était effectivement que de 19,000. » Jomini et les autres auteurs qui ont écrit cette campagne ne l'évaluent qu'a 18,000.

» partir ses armées du camp de Boulogne et de Hanôvre
» pour aller dicter des lois au bivouac d'Austerlitz ; il ne
» rencontra pas une garnison ennemie, comment aurait - il
» fait pour entreprendre un siége ?

  » Un an après, il quitta les bords de la Saale pour aller
» attaquer les Prussiens dans les champs d'Iéna. Si, après la
» victoire, les gouverneurs des places de l'Elbe et de l'Oder
» abaissèrent leurs ponts-levis sans brûler une amorce, la
» flétrissure de leurs noms prouve assez que les Français
» n'ont pas eu besoin d'un système de guerre particulier
» pour ne pas faire de siéges en 1806.

  » Napoléon n'ayant pas imposé la paix à ses ennemis, après
» la bataille d'Eylau, rencontra une autre Mantoue à l'em-
» bouchure de la Vistule, il lui fallut trois mois pour la ré-
» duire, etc. »

  Napoléon ne rencontra pas une garnison ennemie en
1805 ! Qu'était-ce donc que cette armée entière qu'il fit pri-
sonnière dans les places d'Ulm et de Menningen ? Mack qui
commandait l'armée autrichienne avait voulu, ainsi que le
conseilleM. le génér l Valazé, prendre position *au milieu
de ces places* ; il éprouva le sort qui est réservé actuellement à
un général qui, ayant été vaincu ou commandant une armée
trop faible, voudra tenir au milieu de ses places, au lieu de
battre en retraite. Mack aurait dû se retirer jusqu'à ce qu'il
eût été joint par l'armée Russe.

  Dans les Mémoires qui sont attribués à Napoléon, il s'exprime ainsi, relativement au peu de protection que les places
peuvent procurer à un général qui a été vaincu (a) : « Donnez-
» vous toutes les chances de succès lorsque vous projetez

_____

(a) *Mémoires de Napoléon*, tom. II, pag. 197. Il est évident qu'il est
question dans ce passage des batailles de ces derniers temps, puisque Napoléon cite immédiatement auparavant les succès que lui procurèrent les
batailles de Marengo et d'Iéna.

» de livrer une grande bataille, surtout si vous avez affaire
» à un grand capitaine ; car si vous êtes battu, fussiez-vous
» au milieu de vos magasins, près de vos places, malheur au
» vaincu. »

Depuis Ulm et Méningen jusqu'à Austerlitz, Napoléon ne
trouva que Braunau, Vienne et Brünn, places que les Autrichiens abandonnèrent parce qu'ils n'avaient pas eu le temps
de les armer et approvisionner. S'il se fût trouvé d'autres
places en état de se défendre, sur la route de l'armée française, sa marche victorieuse n'en eût pas été ralentie un
seul instant, parce que des places n'arrêtent point une armée qui vient de remporter une victoire décisive ; il en fût
seulement résulté une diminution dans la force des deux armées ; dans l'armée autrichienne, parce qu'elle aurait dû laisser
des garnisons dans ces places ; dans l'armée française, parce qu'elle aurait détaché des troupes pour les bloquer. Selon les probabilités, l'armée française aurait éprouvé la diminution la moins forte, et au bout de quelques mois, les
places fortes ayant capitulé, les troupes de blocus seraient
venues les renforcer.

Passons actuellement à la campagne de Prusse en 1806 et
en 1807 Comment peut-on attribuer l'envahissement de la
Prusse, à la reddition prématurée de quelques places fortes?
Ce royaume fut envahi parceque les batailles d'Iéna et
d'Auerstædt, livrées le même jour, furent décisives, et
qu'actuellement, entre une bataille perdue et une bataille
gagnée, il y a des empires. Après ces deux batailles, Napoléon poursuivit l'armée prussienne à outrance et acheva
ainsi sa destruction.

Les places fortes de l'Elbe, de l'Oder, et de la Vistule,
ne l'arrêtèrent pas un instant, parce qu'il faut une armée pour arrêter une armée, et que la Prusse n'en avait
plus.

4

Les succès de Napoléon furent plus éclatans encore
que ceux qu'il venait d'obtenir contre l'Autriche , parce
que le revers d'Iéna et d'Auerstædt fut plus grand pour
la Prusse que ne l'avait été celui d'Ulm pour l'Autriche.

La guerre avait éclaté si brusquement , que la Prusse n'a-
vait pas eu le temps de faire approvisionner et armer ses places
fortes. Cette circonstance ne saurait pourtant excuser la
conduite de plusieurs des commandans de ces places , puisqu'il y en eut qui se rendirent à des généraux qui commandaient des forces bien inférieures à celles de leurs garnisons , et quelques-uns à la première sommation. Mais lors
même qu'il en aurait été autrement , la plus grande partie
de la Prusse n'en aurait pas moins été envahie , puisque le jour où les Français entrèrent à Berlin , il n'y avait
encore que la seule place d'Erfurth qui eût capitulé.

Spandau capitula le jour où les Français entrèrent à
Berlin; Stettin et Custrin , places situées sur l'Oder, quelques jours après; Magdebourg , la plus importante de
ces places lorsque les Français avaient déjà dépassé Posen;
et enfin Hameln et Nienbourg , places du Hanôvre , lorsqu'ils avaient déjà passé la Vistule.

Les commandans de Colberg et de Dantzick , places situées sur la Baltique; de Graudenz , sur la Vistule; de Glogaw et de Breslaw, sur l'Oder, et de toutes les places de la
Silésie firent leur devoir. Napoléon destina un corps à faire
les siéges des places de Silésie, en commençant par Glogaw;
elles tombèrent toutes en son pouvoir en peu de temps , et
lui procurèrent un matériel fort considérable.

Napoléon avait d'ailleurs manifesté la résolution de marcher à la rencontre des Russes , lorsqu'il n'y avait encore
que la seule place d'Erfurth qui fût tombée en son pouvoir;
puisqu'il dit , dans sa proclamation datée de Potsdam , le
26 octobre 1815 , c'est-à-dire le lendemain de l'entrée des

Français à Berlin : « Soldats , les Russes se vantaient de ve-
»nir à nous. Nous marcherons à leur rencontre ; nous leur
» épargnerons la moitié du chemin : ils trouveront Auster-
»litz au milieu de la Prusse. »

Le désastre de l'armée prussienne avait été tel , que les
corps français qui pénétrèrent en Pologne marchèrent depuis la Saale jusqu'à ce qu'ils eussent rencontré les Russes
au-delà de la Vistule, sans éprouver d'obstacles , comme
s'ils avaient fait ce trajet en pays ami.

Les places d'Erfurth, de Spandau, de Stettin, de Custrin,
de Magdebourg, de Hameln et de Nienbourg auraient pu sans
doute tenir plus long-temps , quoiqu'elles n'eussent été ni
armées ni approvisionnées. Napoléon se serait probablement
alors arrêté à la Vistule , au lieu de porter de suite ses armes
victorieuses au-delà de ce fleuve, ainsi qu'il le fit ; mais la ri-
gueur de la saison l'ayant contraint de prendre des quartiers
d'hiver, une plus longue résistance de ces places auraitété peu
avantageuse pour la Prusse, parce qu'elles auraient probablement capitulé avant la reprise des hostilités. Les faits au-
thentiques que je viens de rapporter prouvent que la reddition prématurée de quelques places , loin d'être la cause
des revers inouis qui accablèrent la Prusse , y contribua
fort peu , et que ces revers furent la conséquence de la perte
des batailles d'Iéna et d'Auerstædt.

Quant à la comparaison de Dantzick avec Mantoue, je ne
la trouve juste sous aucun rapport. Dantzick était une place
d'une grande dimension, susceptible d'être secourue par
mer, et les ennemis de Napoléon étaient maîtres de la mer;
ces circonstances donnaient une grande importance à cette
place. Il fallait employer pour la bloquer des forces beaucoup plus considérables que celles de sa garnison. Ces forces
étaient assez nombreuses pour qu'on pût en entreprendre
le siége ; celles qui restaient à Napoléon étaient insuffisantes

4*

pour qu'il pût prendre l'offensive avec vigueur; il assiégea
donc et prit Dantzick, avant que de reprendre l'offensive, et
fit bien.

M. le général Valazé porte le jugement suivant sur l'influence des places fortes pendant les campagnes de 1812,
1813, 1814 et 1815.

« En 1812, les aigles françaises furent plantées sur le pa-
» lais du Kremlin, sans l'avoir été sur les remparts d'aucune
» place : cela n'est pas étonnant, il n'y en avait point dans
» les vastes plaines qui séparent le Niémen de Moskou, et
» si, après les malheurs par lesquels se termina cette campa-
» gne, nos armées réfoulées sur l'Elbe et sur le Rhin, n'ont
» eu que deux batailles à livrer pour arriver au cœur de la
» Silésie et dans les sables de Postdam, c'est que toutes les
» places de Saxe étaient à notre disposition, et que nous
» avions garnison dans toutes celles du Weser, de l'Elbe et
» de l'Oder.

» Voyons actuellement ce qui s'est passé dans les inva-
» sions de 1814 et de 1815.

» Après les funestes journées de Leipsick, les armées
» françaises ne furent ni réunies ni reformées sur les frontières
» de la France; cependant, par instinct autant que par raison-
» nement, c'était là qu'il fallait rassembler les forces desti-
» nées à défendre le sol de la patrie. C'était ainsi qu'en avaient
» agi dans d'autres temps malheureux, Villeroi lui-même,
» Berwic, Vendôme, Villars, Dumouriez, Houchard,
» Jourdan, etc.

» Ce fut derrière la Marne qu'en 1814 on rassembla les
» forces de l'empire français; car on ne pouvait pas dire
» qu'il y eût des armées sur les frontières, parce qu'on y
» avait laissé des maréchaux de France et des généraux en
» chef. Le maréchal Macdonald, par exemple, qui comman-
» dait sur le Rhin, depuis l'embouchure de la Moselle jus-

» qu'à l'île de Bommel, c'est-à-dire, sur une étendue de
» plus de cinquante lieues, n'avait à sa droite que quatre
» mille cinq cents combattans sous les ordres du général Sébas
» tiani, et sur sa gauche son corps d'armée qui ne lui aurait
» pas fourni trois mille hommes pour tenir la campagne.

　　» Aussi, les corps de Saint-Priest et de Winzingero de s'a-
» perçurent-ils à peine, en passant le Rhin, qu'il y eût des
» Français devant eux. Ce fut près de Brienne, au-delà du
» pays où sont nos forteresses, que les alliés rencontrèrent
» l'armée française; et nos places ne pouvaient évidem-
» ment nous procurer aucune route de secours, puisqu'on
» ne devait en attendre aucun du pays occupé par l'ennemi;
» elles ne pouvaient non plus nous assurer une retraite en
» cas de malheurs, puisqu'une victoire seule nous aurait
» ramenés de leur côté.

　　» Si donc nos places n'ont pas fourni à nos armées, lors-
» qu'elles ont été jointes par l'ennemi, les secours et l'ap-
» pui que nous y avions trouvés dans les temps antérieurs,
» c'est que, par des motifs qu'il est inutile d'examiner ici,
» nous avons agi contrairement à ce que prescrivent la rai-
» son et l'expérience, en plaçant nos forces de manière à
» ne pouvoir tirer de nos forteresses le même parti qu'autre-
» fois.

　　» Les alliés, arrivés sur la Marne, se sont trouvés devant
» notre armée qui, comme la leur, n'avait que ses propres
» forces pour protéger ses routes de secours et de retraite;
» ils étaient trois fois plus forts que nous, pourquoi donc au
» raient-ils, avant de nous attaquer, assiégé des places qui
» n'amélioraient en rien la position où nous devions com
» battre?

　　» Villars livra la bataille de Hochstaedt sans avoir assiégé
» les places du Brisgaw qui étaient entre lui et la France.

» et il comptait arriver jusqu'à Vienne sans avoir attaqué les
» places de Franconie.

» Moreau, arrivé sur l'Inn, n'assiégea point non plus les
» places d'Ingolstadt, d'Ulm et de Philisbourg avec les-
» quelles ses ennemis n'avaient plus de relations.

» Les alliés, en nous combattant sans s'être occupés de
» nos places qu'ils avaient derrière eux, n'ont donc point
» suivi un système de guerre nouveau.

» Après la bataille de la Rothière (près de Brienne) qui
» ne fut pas heureuse pour nos armes, Napoléon, par des
» manœuvres qu'on a justement admirées, battit l'un après
» l'autre les corps qu'il attaqua; mais celui qui avait été
» obligé de reculer, regagnait, et bien au-delà, pendant
» que nous battions un autre corps, le terrain qu'il avait
» perdu. C'est ainsi que Paris finit par tomber aux mains de
» nos ennemis.

» Certainement, en reculant quand ils étaient battus, et
» en se retournant quand ils n'étaient pas suivis en forces,
» ils n'ont pas employé un système de guerre nouveau, et
» nos places sont bien innocentes de ce qui nous est arrivé
» de malheureux dans une autre contrée que celle où elles
» se trouvent.

» L'invasion de 1815 n'offre pas plus d'argumens que
» celle de 1814 en faveur de l'opinion que je combats. En
» effet, elles présentent toutes deux des circonstances ana-
» logues dans la conduite des Français et de leurs ennemis.

» Après la bataille de Waterloo, les armées reçurent
» l'ordre de se réunir et de s'arrêter dans les environs de
» Soissons, au lieu de fixer le rendez-vous sur la droite ou
» sur la gauche du champ de bataille, comme on avait fait
» dans toutes les guerres de Flandres, et particulièrement en
» 1706, malgré la déroute et la désertion qui furent les sui-
» tes de la bataille de Ramillies. En 1815, notre armée,

» arrivant en désordre dans un pays ouvert, ne put s'y re-
» former avant d'être jointe par l'ennemi, et elle fut rejetée
» sous Paris, où tout se termina par des négociations. »

Ce fut un grand bonheur pour la Russie de n'avoir point
eu de places fortes sur la frontière par laquelle Napoléon
l'attaqua en 1812; ce conquérant disposant, au début des
hostilités, de forces presque doubles de celles des Russes,
put pénétrer sur leur territoire par quatre points à la fois, et
avoir partout une telle supériorité de forces qu'il ne resta
aux Russes, dans ce premier moment, d'autre moyen de
salut que de se retirer sur tout les points à marches forcées.

Si cette frontière eût été garnie de places, comme par
exemple celle du nord de la France, l'armée Russe se fût
dispersée dans ces places pour en former les garnisons; les
corps qui furent exposés à être coupés et qui s'échappèrent
par des circuits, en forçant de marche, se seraient réfugiés
dans les places; la Russie n'aurait plus eu d'armée capable
de tenir la campagne, tandis que Napoléon disposait d'assez
de forces, et pour bloquer les places, et pour pénétrer en
Russie avec une nombreuse armée.

Une partie de ces places dénuées de tout, parce qu'il aurait été impossible de les approvisionner toutes, seraient
bientôt tombées au pouvoir de Napoléon, et les autres successivement. La Russie eût été asservie; elle dut son salut
à ses armées, à l'immensité de son territoire, au peu de
ressources qu'il offrait.

La Russie ne possédait, dans les gouvernemens qui furent
le théâtre de la guerre, que deux places fortes, Riga et Bobruisk, très-éloignées l'une de l'autre; ces places étaient
situées à plusieurs journées de marche de la frontière, elles
offraient des avantages incontestables et furent fort utiles
aux Russes. Riga était un vaste dépôt, donnait un passage
sur la Dwina, pouvait être secourue et ravitaillée par mer

Napoléon fut donc contraint à faire observer cette place par des forces beaucoup plus considérables que celles de sa garnison.

Bobruisk, située au milieu de la vaste forêt de Minsk, au nœud des routes qui la traversent, donnait à un corps d'armée russe la possibilité de traverser cette forêt, empêchait, au contraire, un corps d'armée française d'exécuter cette même entreprise; ce fut ce qui sauva l'armée de Bagration. Cette place était d'ailleurs très-difficile à bloquer ou à assiéger, à cause de la difficulté de nourrir les troupes qui auraient été employées à cette opération, et d'amener le matériel de guerre nécessaire pour en entreprendre le siége.

J'ai dit qu'il fut heureux pour la Russie de n'avoir point eu de places fortes sur cette frontière par laquelle Napoléon pénétra sur son territoire; mais l'invasion de la Russie, en 1812, par des forces si considérable ,s est un événement tellement extraordinaire, qu'il ne doit pas même en être tenu compte pour l'établissement d'un système de places fortes. Je pense donc qu'il aurait été utile à la Russie, dans toute autre guerre que celle qu'elle soutint alors, d'avoir quelques places sur cette frontière, mais en bien petit nombre; car plus un état est vaste et plus ses places doivent, généralement parlant, être éloignées les unes des autres (a).

(a) La Russie, telle qu'elle était en 1812, aurait dû, selon moi, avoir du côté de l'est les places fortes suivantes : en première ligne, sur la frontière, des places de moyenne dimension à Kowno sur le Niémen, à Brézesc-Litowski sur le Bug, et une place de moyenne ou de petite dimension sur la frontière de Galicie. En seconde ligne, Riga, port de mer, d'une grande dimension; Dunabourg sur la Dwina; Borisow sur la Bérésina; Bobruisk dans la forêt de Minsk, et une place dans les marais de Pinsk, toutes de moyenne dimension; cette dernière, afin de pouvoir faire traverser les marais de Pinsk à une armée, comme Bobruisk permettait de lui faire traverser la forêt de Minsk. En troisième ligne, Rewel, port de mer, d'une

Un état immense comme la Russie jouit de grands avantages pour se défendre, surtout lorsque la guerre se fait dans des provinces pauvres, peu peuplées, et qui présentent peu de ressources.

Après les revers inouis qui accablèrent Napoléon, l'armée russe ayant elle-même essuyé des pertes énormes, exposée à une destruction certaine, si elle continuait ses opérations par des froids devenus insupportables, fut contrainte de s'arrêter : mais aussitôt que l'adoucissement du temps le permit, elle reprit le cours de ses opérations offensives, et franchit la Vistule, l'Oder et l'Elbe, sans que les places fortes lui causassent le moindre retard.

Napoléon reparut enfin à la tête d'une armée nouvelle, reprit partout l'offensive, fut vainqueur dans les champs de Lutzen (2 mai 1813); la victoire fut d'ailleurs si vivement disputée, qu'il est permis de douter que Wittgenstein, qui commandait l'armée ennemie, eût été vaincu s'il n'eût pas laissé dans l'inaction une partie de sa nombreuse cavalerie.

Le gain de la bataille de Lutzen ne conduisit pas les Français à Postdam, où ils ne reparurent plus, ni en Silésie, puisque Napoléon ne put pénétrer dans cette province qu'après avoir vaincu de nouveau à Bautzen. Les places fortes, qu'il possédait sur l'Elbe, eurent bien peu de part aux succès qu'il obtint alors, puisqu'aucune de ces places n'était située sur cette partie du fleuve où passa l'armée française; il fallut, pour qu'elle effectuât ce passage, jeter un pont à Priesnitz, une demi-lieue au-dessous de Dresde, et réparer ceux de Dresde et de Meissen.

Napoléon aurait dû abandonner les places qu'il possédait en Pologne et sur l'Oder; elles lui avaient été utiles comme

grande dimension, Smolensk d'une moyenne dimension, Kiow d'une grande ou d'une moyenne dimension.

dépôts , pour lui assurer des passages sur la Vistule et sur
l'Oder , et pour maintenir la Prusse dans l'obéissance ; elles
lui devenaient nuisibles, s'il les conservait dans la situation
nouvelle où ses revers l'avaient placé, puisqu'il y laissait
des garnisons et un matériel de guerre qui devaient nécessairement tomber au pouvoir de ses ennemis (a).

La fortune avait jusqu'alors si bien traité ce conquérant ,
qu'il lui arrivait souvent de se former un état des choses
selon ses désirs et de se repaître d'illusions extraordinaires
dans un homme de son génie. Il put donc croire que la
Prusse et l'Autriche , dont il avait si fort diminué la puissance,
et qu'il avait tant humiliées par ses discours et par ses écrits,
ne saisiraient pas l'occasion qui se présentait , non-seulement
de recouvrer ce qu'elles avaient perdu , mais de devenir
plus puissantes qu'elles ne l'avaient jamais été.

La conduite politique des monarques qui gouvernaient ces
deux états ayant été quelquefois entièrement contraire à ce
que leur prescrivaient leurs intérêts , Napoléon espérait
sans doute qu'ils retomberaient dans de semblables fautes.
Mais tout était changé, depuis que les désastres qu'il avait
éprouvés en Russie, et les revers qu'avaient essuyés ses armes
en Espagne , avaient , en quelque sorte , détruit le prestige
qui s'attachait au succès de ses entreprises militaires. Toutefois, contre toutes les probabilités , ses espérances furent
près de se réaliser, relativement à l'Autriche.

Lorsque Napoléon , par suite des revers de ses lieutenans
et de l'infériorité de ses forces , eut été obligé d'abandonner
la Saxe, et qu'il eut été vaincu à Leipsick (18 octobre 1813),
les armées des coalisés ne furent pas arrêtées un seul instant
par les places fortes qu'il possédait sur l'Elbe et en Alle-

(a) Avant la bataille de Lutzen , Thorn , Czentochau et Spandau étaient
déjà tombés au pouvoir des Prusso-Russes.

magne. Les chefs de ces armées bornèrent volontairement
leur fortune en s'arrêtant sur les bords du Rhin; s'ils avaient
franchi ce fleuve et marché sur Paris, ils y seraient arrivés
dans le temps nécessaire pour y conduire leurs armées; et
cela, malgré le grand nombre de places fortes que Napoléon possédait, depuis le Rhin jusqu'à cette capitale.

Après deux mois d'inaction, les coalisés se décidèrent
enfin à franchir le Rhin (1er janvier 1814) pour pénétrer en
France; les forces insuffisantes qui leur furent opposées ne
les arrêtèrent point, et les places fortes pas plus que si elles
n'avaient point existé. Ils en bloquèrent quelques-unes, se
contentèrent de masquer les autres, et, se dirigeant sur
Paris, pénétrèrent jusqu'en Champagne où Napoléon vint à
leur rencontre avec l'armée qu'il avait eu tant de peine à
créer. Ils le vainquirent dans les champs de la Rothière
(1er février 1814), et, s'ils avaient profité de ce succès, ils
pouvaient pousser jusqu'à Paris, s'en emparer, et terminer
la guerre.

Leurs forces furent toujours tellement supérieures à celles
de Napoléon, pendant cette campagne, que s'ils les eussent
concentrées et qu'ils eussent marché résolument à sa rencontre, bien décidés à le contraindre de leur abandonner
sa capitale sans combattre, ou de recevoir une bataille qu'il
ne pouvait gagner, ce qui les aurait conduits au même résultat, ils terminaient la guerre. Napoléon profita admirablement de la dispersion de ses ennemis, de l'incohérence
qui régnait dans leurs opérations, et succomba pourtant:
la partie était trop inégale.

M. le général Valazé prétend que par intérêt autant que
par raisonnement, c'était sur les frontières de la France
qu'il fallait reformer et réunir les armées françaises, et non
pas derrière la Marne; il ajoute que si nos places n'ont pas
fourni à nos armées, lorsqu'elles ont été jointes par l'ennemi,

les secours et l'appui qu'elles y avaient trouvés dans les temps antérieurs, c'est que Napoléon agit contrairement à ce que prescrivaient la raison et l'expérience, en plaçant ses forces de manière à ne pouvoir tirer des forteresses le même parti qu'autrefois.

Il serait bien extraordinaire qu'un général tel que Napoléon, auquel on pourrait peut-être reprocher d'avoir péché par trop de résolution et d'audace, eût commis une faute aussi grossière. Mais non; il plia sous la dure loi de la nécessité; c'est ce dont se serait convaincu M. le général Valazé, s'il avait examiné plus attentivement la situation dans laquelle se trouvait Napoléon, lorsqu'il repassa le Rhin. Son armée, affaiblie par les garnisons qu'il avait laissées dans les places, et par les désastres qu'il venait d'éprouver, ne présentait plus que de faibles débris qu'il dispersa derrière ce fleuve; et il aurait fallu des armées pour en défendre le passage.

Les fleuves ne sont d'ailleurs plus qu'une bien faible barrière depuis que les armées les passent avec une si grande facilité. Napoléon se flatta en vain que les généraux ennemis, se conformant aux anciennes routines, prendraient des quartiers d'hiver; ce conquérant leur avait donné de trop rudes leçons; ils ne remplirent qu'en partie son attente.

Pendant les deux mois de repos dont ils le laissèrent jouir, il déploya une activité sans égale. De nombreuses recrues furent dirigées sur Mayence; mais une maladie épidémique, occasionée par l'encombrement des hopitaux, en moissonna le plus grand nombre; il renforça l'armée d'Italie et organisa celle avec laquelle il combattit à la Rothière. Loin de lui reprocher de ne s'être pas trouvé sur le Rhin avec cette armée, il fallait le louer de l'avoir créée en aussi peu de temps; car il ne suffisait pas, comme en 1813, de réunir des bataillons et des escadrons pour en former des corps d'armée, il fallait créer la plupart de ces bataillons et de ces escadrons. Ainsi, cette invasion que M. le général Valazé signale comme la conséquence d'une faute de Napoléon, fut, au contraire, la conséquence des circonstances où il se trouva placé; et ces circonstances elles-mêmes furent une conséquence des avantages immenses, ou des revers accablans qui résultent.actuellement du gain ou de la perte des batailles.

Les places fortes agglomérées sur la frontière de France ne causèrent aucun embarras et n'apportèrent aucun obstacle aux opérations des armées envahissantes; elles furent nuisibles à Napoléon par les garnisons qu'il fallut y laisser et par le matériel de guerre qu'elles contenaient et dont il fut privé.

Je conviendrai, avec M. le général Valazé, « que nos places » furent bien innocentes de ce qui arriva de malheureux » dans une autre contrée que celle où elles se trouvaient. » Mais je soutiendrai en même temps que les généraux ennemis auraient été aussi par trop ineptes, si, après avoir reçu tant de vigoureuses leçons, ils avaient employé leur temps, leurs troupes et leurs munitions, à assiéger des places qui n'apportaient point d'obstacles à leurs opérations. Je soutiendrai aussi que si quelques-unes de ces places, au lieu d'être agglomérées sur les frontières, se fussent trouvées convenablement placées dans le pays qui était devenu le théâtre de la guerre, elles auraient été utiles à Napoléon, nuisibles à ses ennemis.

La campagne de 1815 fournit un exemple plus mémorable encore de l'inutilité des places fortes pour arrêter une armée victorieuse; mais, dit M. le général Valazé, il ne fallait pas se retirer sur Paris; il fallait se retirer sur la droite ou sur la gauche du champ de bataille, au milieu des places de cette frontière. Je répondrai que l'armée française ayant eu toutes ses réserves engagées, et ayant perdu complètement la bataille de Waterloo, cela n'aurait été possible que si l'armée ennemie, comme au temps de la guerre de la Succession, fût restée plusieurs jours sur le champ de bataille, ou se fût contentée de faire suivre lentement l'armée française par un petit corps de cavalerie. Les généraux ennemis, au contraire, imitant la conduite que Napoléon avait tenue dans de telles conjonctures, poursuivirent l'armée française à outrance, et cela dès la nuit même qui suivit la bataille. Cette armée ne put se rallier à Soissons, ainsi qu'elle en avait reçu l'ordre; comment aurait-elle pu le faire sur la frontière, à peu de distance du champ de bataille?

L'armée française, pour prendre position au milieu des places de cette frontière par laquelle elle rentrait en France, aurait dû exécuter un changement presque à angle droit dans la direction de sa retraite; prévenue par l'ennemi qui aurait pu marcher directement sur le point où elle se dirigeait, coupée de la France, poursuivie à outrance; elle aurait été réduite, après avoir essuyé de grandes pertes, à se renfermer dans une ou dans plusieurs places; car c'est en définitive le sort qui attend actuellement une armée vaincue qui voudra prendre position au milieu de ses places. Paris n'en aurait pas moins succombé; mais il n'y aurait plus eu d'armée pour tenir la campagne, c'est-à-dire que l'on aurait été à la discrétion de l'ennemi.

M. le général Valazé cite, comme une autorité imposante, l'opinion de la commission, créée en 1818 par le ministre de la guerre, pour examiner quelles étaient les places qu'il fallait détruire, et pour indiquer où il fallait en construire. «Cette commission, dit-il, après un travail de deux ans, »conclut à ce qu'il fallait conserver toutes les places exis-»tantes, moins deux ou trois, et en créer bon nombre de »nouvelles.»

Je n'aurais point parlé de l'opinion de cette commission (a), puisque M. le général Valazé ne rapporte point les motifs de ses conclusions et que je les ignore, n'ayant point lu son rapport, si je ne voulais faire observer que les officiers d'artillerie et du génie y étaient en majorité.

On tombe d'accord des connaissances spéciales que possèdent ces officiers, relativement à l'attaque et à la défense

(a) Depuis la restauration il a été créé par les divers ministres de la guerre qui se sont succédé une étonnante quantité de commissions, toutes composées d'officiers-généraux. Je ne crains pas de dire que, généralement parlant, les choix ont été beaucoup plus le résultat de la faveur que du mérite, et cela se conçoit; ces emplois étaient fort recherchés parce qu'ils fixaient, à Paris et avec la solde d'activité, ceux qui les obtenaient. Par la même raison la plupart de ces commissions ne marchaient qu'à pas de tortue.

Des commissions bien choisies peuvent sans doute exécuter des travaux préparatoires très-utiles; mais il faudrait que l'impulsion fût donnée par un ministre instruit, rempli de vues élevées, qui eût beaucoup d'autorité et qui restât assez long-temps au timon des affaires pour mettre à exécution ses projets. Il ne devrait d'ailleurs y avoir dans chaque commission aucun officier du grade du président qui serait un lieutenant-général ou un maréchal de camp; et l'on devrait, recherchant le mérite et le savoir plus que le grade, n'exclure de ces fonctions que les seuls lieutenans.

Les généraux ont ordinairement des idées arrêtées sur toutes les questions importantes qui concernent leur arme; mais il y en a bien peu qui n'aient perdu de vue les détails et qui ne soient ennemis des innovations, parce qu'elles les obligent à apprendre et à oublier, ce qui déplaît et est pénible à un certain âge. Les officiers de grades moins élevés sont plus au courant des détails, puisqu'ils les pratiquent journellement, et rien ne peut suppléer des connaissances spéciales sur les matières mises en discussion. Ainsi, par exemple, s'il est question du service intérieur des corps, personne ne pourra mieux en traiter qu'un colonel commandant de régiment, connu par sa capacité et son zèle; s'il est question de leur administration intérieure, il faut s'adjoindre un major ou un trésorier; si l'on veut retoucher le code pénal militaire, personne ne peut être plus utile dans une commission chargée de préparer un tel travail qu'un officier ayant rempli avec distinction les fonctions de rapporteur d'un conseil de guerre. Voilà de ces vérités qui n'ont pas besoin de démonstration et qu'on relègue pourtant dans les théories pour suivre une tout autre pratique.

des places; mais on convient aussi qu'elles ont peu de rapport avec celles qui sont nécessaires pour déterminer le système de places fortes qui doit dériver du système de guerre
que l'on suit actuellement. Si donc ils possèdent ces dernières connaissances, c'est indépendamment des premières;
et, comme il est bien rare que les hommes, même les plus
remarquables, puissent se dépouiller entièrement de ces
préjugés de corps qui d'ailleurs exercent souvent une si
heureuse influence, je pense que les officiers de l'artillerie
et du génie devraient être en minorité, dans une commission chargée d'examiner la question qui fut soumise à la
commission créée en 1818.

CHAPITRE III.

Du système de places fortes qu'il faut adopter actuellement.

Après avoir fait connaître les changemens survenus dans l'art de la guerre, depuis le commencement de la guerre de la Succession d'Espagne, en 1701, jusqu'à la fin des guerres de la Révolution française, en 1815, j'ai, tout en réfutant M. le général Valazé, donné mon opinion sur le rôle que les places fortes ont joué pendant les campagnes les plus mémorables de cette époque. Ce que je vais dire des avantages et des inconvéniens qu'elles présentent actuellement, sera en grande partie la conséquence de ce qui précède.

Lorsque les pays où se trouvent les places fortes sont devenus le théâtre de la guerre, ou sont insurgés, elles sont utiles à leurs possesseurs, comme dépôts, pour mettre en sûreté le matériel de guerre, les approvisionnemens de vivres, et pour établir des hopitaux; elles servent à assurer des communications essentielles, à procurer des passages sur des fleuves ou sur des rivières, et à en intercepter la navigation; elles peuvent être situées de manière à ce qu'un général puisse, avec leur appui, changer sa ligne d'opérations.

Si les pays où elles se trouvent sont envahis par l'ennemi, elles lui causent quelquefois du retard ou de l'embarras, en le forçant à un détour, mais rarement; car il existe actuellement une si grande quantité de routes que l'on peut ordinairement éviter de passer par une place sans alonger son chemin: il faut pourtant en excepter des chaînes de montagnes escarpées, dans lesquelles il n'y a pour les voi-

5

tures qu'un petit nombre de routes, tracées quelquefois
dans des gorges si étroites qu'une forteresse peut en intercepter entièrement le passage. C'est ainsi, par exemple,
que Bellegarde, dans les Pyrénées, intercepte la seule
route de voitures qui conduise de la Catalogne dans le Rous-
sillon; et que, dans les Alpes, la forteresse de Lesseillon,
tout nouvellement construite par le roi de Sardaigne au
pied du mont Cénis, et celle de Briançon, située sur le
mont Genèvre, remplissent le même objet en fermant les
seules routes de voitures qui conduisent d'Italie en Savoie et
en Dauphiné.

Les places fortes peuvent, dans des circonstances critiques, servir de refuge à un nombre plus ou moins grand de
troupes, selon leurs dimensions; mais un général ne doit
s'enfermer ainsi dans une place, s'il sait qu'il y sera bloqué,
que dans le cas seulement où ce serait l'unique ressource qui
lui restât pour ne pas être contraint à mettre bas les armes.
C'est, en effet, une extrémité à laquelle il se trouvera probablement réduit, et cela d'autant plutôt que ses troupes
étant plus nombreuses, auront accéléré davantage la consommation des vivres de la place.

Je ne sais si, au nombre des avantages que procurent les
places, je dois mettre l'appui qu'elles peuvent donner aux
insurrections des habitans contre des troupes victorieuses
qui viennent occuper leur pays. L'insurrection paraît être
plus libre dans ses mouvemens quand elle éclate dans un
pays où il n'y a pas de places fortes pour la seconder; s'il
y en a, l'ennemi finit par s'en emparer, et l'insurrection
en est découragée : ces réflexions ne s'appliquent qu'aux
insurgés qui se bornent à faire la guerre de partisans, et ne
sont soutenus par aucune troupe réglée; tels, par exemple,
qu'étaient les insurgés de la Navarre pendant la guerre de
la Péninsule.

Une place peut, par extraordinaire, couvrir une aile d'armée ou lui servir d'appui un jour de bataille. Dans ce dernier cas, elle remplit le même but qu'un fleuve, un lac, une mer, une montagne escarpée, à laquelle s'appuierait cette aile, et elle deviendrait très-nuisible si l'on perdait la bataille, parce que les fuyards chercheraient à s'y réfugier.

On ne saurait compter au nombre des avantages que procurent les places, la diminution qu'elles font éprouver à une armée victorieuse qui est obligée de les bloquer ou de les masquer : je ferai voir que c'est alors, au contraire, qu'elles deviennent ordinairement nuisibles à leurs possesseurs.

Les places qui peuvent être secourues et ravitaillées par mer offrent, toutes choses égales d'ailleurs, de beaucoup plus grands avantages que les autres, lorsqu'on est le maître de la mer; elles ne peuvent être prises par famine, et si l'on ne veut pas en entreprendre le siége, ou qu'on ne le puisse pas, on est obligé de les faire bloquer par des forces beaucoup plus considérables que celles de leur garnison.

Quelques places maritimes offrent des avantages qui tiennent à leur situation particulière et aux circonstances politiques dans lesquelles se trouvent placées leurs possesseurs. Le rocher de Gibraltar, imprenable entre les mains des maîtres de la mer, est tout à la fois un vaste entrepôt de commerce et une station maritime fort importante en temps de guerre : Malte leur offre les mêmes avantages.

C'est au moyen de la place maritime d'Alger que le dey, ce chef de pirates, maintient sous sa domination trois vastes provinces, et qu'il a bravé jusqu'à ce jour les puissances européennes. Toutefois, cette place n'aurait pas joué un rôle aussi important sans le désaccord de ces puissances; et si, pour bien organiser une expédition maritime assez considérable pour transporter le personnel, le matériel et les approvisionnemens d'une armée qui serait destinée à

en entreprendre le siége, il ne fallait faire de très-grandes
dépenses.

Dans l'état actuel de l'art, les places fortes ne me paraissent pas pouvoir rendre d'autres services que ceux dont je viens de faire l'énumération.

Les places fortes sont utiles à leurs possesseurs dans les circonstances que je viens d'indiquer, mais il y a d'autres circonstances où elles leur deviennent nuisibles; néanmoins si elles étaient bien situées, et que leur système fût en harmonie avec le système de guerre actuel, et si l'on prenait les mesures nécessaires pour en tirer tous les avantages qu'elles peuvent procurer, ces avantages l'emporteraient de beaucoup sur les inconvéniens. Mais les places, ayant été construites à différentes époques et par divers souverains, ayant changé de possesseurs en même temps que les pays où elles se trouvaient, il a pu en résulter, dans certains pays, une disposition de places telle que, dans leur ensemble, elles fussent plus nuisibles qu'utiles.

Les places fortes ne jouent aucun rôle lorsque leurs possesseurs ayant l'offensive, portent la guerre sur le territoire ennemi; elles leur sont utiles, et quelques-unes peuvent même jouer un grand rôle, selon les circonstances, quand le pays où elles se trouvent est le théâtre de la guerre; j'ai indiqué les services qu'elles peuvent rendre alors. Au contraire, lorsque l'ennemi, ayant occupé ce pays, les tient bloquées, et qu'elles doivent nécessairement tomber en son pouvoir, elles deviennent nuisibles; elles le deviennent, parce qu'alors, excepté pour les places maritimes qui peuvent être secourues lorsque ceux qui les possèdent sont maîtres de la mer, on peut presque toujours les bloquer avec une quantité de troupes tout au plus égale à celle de leurs garnisons, quelquefois beaucoup moindre (a).

(a) Des forces tout au plus égales à celles de la garnison d'une place suf-

On doit d'ailleurs considérer que le général qui envahit un pays est obligé de laisser des troupes sur ses derrières pour assurer ses communications, pour maintenir dans l'obéissance les habitans des pays qu'il vient d'occuper, pour faire acquitter les contributions et rentrer les réquisitions ; la présence et même la coopération des troupes employées au blocus des places, lorsque cela est possible, dispense d'en employer autant pour ce service.

La garnison des places peut et devrait même être composée en partie de milices, mais une partie des troupes de blocus peuvent aussi être des milices. Ainsi, en définitive, le blocus des places fortes cause ordinairement une diminution moins grande dans l'armée qui exécute cette opération que n'en ont occasioné dans l'armée opposée les garnisons laissées dans les places. Mais c'est surtout lorsqu'elles capitulent, et que leurs garnisons sont prisonnières, que ces places deviennent funestes à leurs anciens possesseurs ; une partie des troupes qui les bloquaient vient renforcer l'armée envahissante ; le matériel qu'elles contiennent peut être de la plus grande utilité au général de cette armée, auquel il

fisent ordinairement pour la bloquer ou pour l'observer selon les localités : cela résulte de ce qu'un tiers de la garnison est ordinairement de garde, un tiers la descend, et qu'ainsi on ne peut disposer, pour exécuter les sorties, que d'un tiers de la garnison ; de ce que le commandant de la place n'ose perdre de vue ses fortifications dans la crainte d'être coupé ; de ce que ordinairement il n'est pas instruit exactement de la force du corps qui forme le blocus : enfin de ce que ce corps est presque toujours supérieur à la garnison, en cavalerie et en artillerie de campagne, ce qui permet à celui qui la commande de se porter rapidement avec ses troupes, sur les flancs et même sur les derrières des sorties, si elles s'éloignent de la place.

Il n'y a guère d'exception que pour les places qui peuvent être ravitaillées et secourues par mer ; le corps qui les bloque doit être plus nombreux que la garnison. On pourrait citer beaucoup de places qui ont été bloquées ainsi pendant les guerres de la Révolution française par des corps de troupes moins nombreux que leurs garnisons.

est si avantageux d'en trouver sous sa main, au lieu de le
faire venir de très-loin. Enfin, ces places peuvent lui rendre
de grands services comme dépôts, pour maintenir les pays
conquis dans le devoir, pour assurer ses communications,
ou pour lui donner passage sur un fleuve ou par une gorge
de montagne.

Les places, quoique bloquées par l'ennemi, conservent
au contraire plus ou moins d'importance, lorsque l'on a
l'espoir de pouvoir les débloquer avant l'époque présumable
de leur capitulation, selon le rapport entre la quantité et
la qualité des troupes qui bloquent et sont bloquées, selon
l'importance de leur position, selon l'espèce et la quantité
de matériel de guerre qu'elles contiennent.

Ce que je viens de dire des inconvéniens que présentent
les places fortes est inhérent à leur nature, et ces inconvéniens se feraient sentir lors même que le système de ces
places serait parfait. Mais elles peuvent présenter d'autres
inconvéniens encore résultant du mauvais choix de leur
emplacement, de leur trop grand nombre, de ce que le
système de ces places serait mauvais, de la nécessité d'en
composer entièrement les garnisons avec les troupes de
ligne, à défaut d'une milice (a) destinée à y faire le service
habituel.

(a) La France n'a pas de milices, ce qui lui serait très-nuisible si elle devait soutenir une guerre défensive, parce qu'une partie de l'armée active
se trouverait employée à tenir garnison dans les places. Il lui serait pourtant
facile de créer une milice dans chaque place; il suffirait d'exempter du
tirage, pour la conscription, les habitans de ces places, qui consentiraient
à servir pendant douze ans dans cette milice. On accorderait quelques dis-
tinctions et quelques avantages aux miliciens; ainsi, par exemple, on
pourrait leur accorder les ¦mêmes retraites qu'aux troupes de l'armée,
quand ils auraient servi le nombre d'années exigées pour l'obtenir; on
pourrait aussi autoriser les militaires qui auraient fait un engagement dans
l'armée à s'engager dans la milice.

Ces milices seraient plus ou moins nombreuses selon la population des

Quoiqu'on ne doive point mettre au nombre des incon-véniens des places, les fautes que des généraux mauvais ou médiocres peuvent commettre à leur occasion, il est de mon sujet d'en dire quelque chose, ne fût-ce que pour mémoire.

On pourrait citer beaucoup d'exemples de généraux qui, pour mettre garnison dans des places, pour les couvrir, pour les ravitailler, ou pour conserver leurs communica-tions avec ces places, ou enfin pour se mettre sous leur protection, ont commis des fautes énormes; et ces fautes ont eu pour conséquences, l'abandon de la campagne à leurs adversaires, des retraites désastreuses, des pertes de batailles; ou enfin la perte entière de leur armée, con-trainte d'abord de se renfermer dans les places, et succom-bant bientôt après avec elles.

Je n'ai pas besoin de prévenir mes lecteurs que les ré-flexions qui vont suivre sur les inconvéniens des places fortes, autres que ceux qui sont inhérens à leur nature, sont relatifs à l'art de la guerre actuel, et s'appliquent à un grand état; j'ajouterai que je crois avoir fait connaître avec assez d'étendue dans quelle situation les guerres de la révolution française avaient laissé l'art de la guerre, pour ne pas être obligé de revenir sur cette matière.

Toutes les places fortes qui n'ont pas un but d'utilité in-contestable et suffisant, dans des circonstances de guerre raisonnablement présumables, sont par cela même nuisi-bles : en effet, elles ont beaucoup coûté si on les a entre-

places; elles ne seraient tenues, pendant un siége, que de faire le service intérieur des places, et, si elles étaient assez nombreuses, celui de quel-ques-unes des ouvrages non attaqués. Mais je suis persuadé que si elles étaient animées d'un bon esprit, ce qui dépendrait de l'ordonnance de constitution et de la manière dont on l'exécuterait, on les verrait coopérer à la défense active quand il y aurait urgence, et même défendre seules les places.

tenues; elles tombent bientôt au pouvoir de l'ennemi si on les a négligées; et quel que soit l'état dans lequel elles se trouvent. leurs garnisons affaiblissent l'armée sans aucun but d'utilité.

Il ne suffit pas que des places remplissent les conditions que je viens d'exprimer pour qu'elles soient avantageuses à leurs possesseurs ; beaucoup de points satisferaient à ces conditions dans notre Europe si peuplée . et où il y a actuellement une si grande quantité de routes ; il faut aussi qu'elles ne soient pas trop nombreuses , sans quoi les frais de leur entretien et du matériel provisoire qu'il faut y conserver , l'impossibilité de les mettre toutes en état , dans l'incertitude du point où l'on sera attaqué ; l'impossibilité de les garnir de tronpes , ce qui emploierait la totalité ou une très-grande partie de l'armée , et vous mettrait à la merci de vos ennemis, surtout dans un pays qui n'a pas de milices ; la certitude de voir tomber une partie de ces places au pouvoir de l'ennemi en fort peu de temps , s'il envahit brusquement votre territoire ; toutes ces circonstances réunies pourraient les rendre nuisibles dans leur ensemble. Il faudrait donc choisir , parmi ces points qu'il serait avantageux de fortifier, ceux qui présenteraient le plus d'avantages.

Aux inconvéniens qu'elles présentent lorsqu'elles sont trop nombreuses, les places peuvent réunir ceux qui résultent d'une mauvaise disposition : elles peuvent être agglomérées sur un point, tandis qu'il n'y en aurait pas sur un autre; ainsi , par exemple , elles peuvent occuper sur la frontière une zone large d'une ou deux journées de marche; c'est ainsi qu'elles sont disposées sur la frontière du nord de la France , et l'on trouve dans cette même zone nos principaux arsenaux , nos principaux dépôts de matériel de guerre , nos principales manufactures d'armes. Des places ainsi disposées, lors même qu'elles ne seraient pas trop nombreuses, peuvent devenir très-nuisibles dans certaines circonstances, parce que cette zone, dans laquelle elles se trouvent, ne servira plus que momentanément de théâtre de la guerre.

Jomini, dans son *Introduction au traité des grandes opérations militaires*, page 50, énonce ainsi son opinion sur cette disposition de places fortes. « L'idée de ceindre » toutes les frontières d'un état de places fortes très-rappro- » chées est une calamité; on a faussement imputé ce sys- » tème à Vauban, qui se disputait avec Louvois, sur le grand » nombre de points inutiles qu'on l'obligeait à fortifier. »

Les temps où l'on faisait *une lieue en quatorze heures*, et où l'on assiégeait des places pour faire quelque chose sont passés. Ceux où l'on étalait une armée sur une frontière pour tout couvrir, et où l'on s'avançait ainsi en faisant des siéges ne le sont pas moins.

On ne saurait changer la nature des choses : on ne saurait empêcher que, après avoir perdu sur la frontière du nord une bataille décisive, l'ennemi n'atteigne promptement Paris, comme les alliés atteignirent cette capitale, après la bataille de Waterloo; les Français Vienne et Berlin, après les batailles d'Ulm et d'Iéna.

Aucune disposition de places ne peut empêcher une ar- mée victorieuse de pénétrer sur le territoire de l'armée vaincue, excepté si ces places ferment complétement des gorges de montagne par lesquelles il faille absolument passer.

Si les places sont agglomérées sur la frontière, l'armée victorieuse, aussitôt qu'elle a traversé la zone des places, fait la guerre dans un pays où il n'y en a plus; la campagne de France, en 1814, en offre un mémorable exemple. Si, au contraire, les places étaient dispersées avec intelligence sur les parties du territoire qui peuvent être soumises à une invasion, il s'en trouverait nécessairement sur le théâtre de la guerre ; et, comme toutes les batailles ne sont pas décisives, elles pourraient alors rendre de grands services : c'est ce qui serait arrivé en 1814, s'il y en avait eu sur cette partie du territoire français, qui devint le théâtre de la guerre. Dans quel ordre faut-il donc disposer actuellement les places fortes ? c'est ce que nous allons indiquer succinctement.

Lorsqu'un état est trop faible pour avoir une puissance indépendante, il est obligé de contracter des alliances. Ses places fortes ont principalement pour but de mettre en sûreté son matériel de guerre et de servir de refuge à ses troupes, s'il est attaqué inopinément par un voisin puissant, jusqu'à ce que ses alliés puissent le secourir. Elles doivent d'ailleurs occuper les points les plus importans, sous le rapport militaire, pour donner plus de poids à son alliance. Ainsi, l'alliance du roi de Sardaigne serait importante pour la France ou pour l'Autriche, si la guerre éclatait entre ces deux puissances, non-seulement à cause des troupes et du matériel de guerre que ce monarque peut mettre dans la balance, mais parce qu'il occupe avec des forteresses les passages des Alpes par lesquels on communique de la France avec l'Italie et réciproquement : voilà pourquoi le grand Frédéric l'appelait *un roi de situation*.

Les états qui ont une puissance indépendante doivent avoir un système de places fortes calculé pour la défense de leur territoire, sans avoir égard à leurs alliances, puisque des circonstances imprévues peuvent les leur faire perdre. Je supposerai qu'il s'agit d'un grand état dont le territoire soit réuni, ce qui est le cas général, et de frontières sur lesquelles il soit possible que les circonstances de la politique et de la guerre amènent une invasion.

Le nombre de places nécessaires pour la défense d'un

grand état varie selon les circonstances locales ; mais , toutes choses égales d'ailleurs , le nombre des places ne doit pas augmenter selon l'étendue du pays ; il faut avoir égard à sa population , à ses richesses territoriales , à la quantité de troupes et de milices dont il peut disposer.

Si un état a une immense étendue , comme , par exemple , la Russie ; que son territoire soit peu peuplé et n'offre pas assez de ressources pour y faire marcher des corps d'armée sans les faire suivre de convois de vivres , il jouit de très-grands avantages pour résister à une invasion , parce que les armées essuient de grandes pertes aussitôt qu'elles pénètrent sur son territoire. Ainsi , ses généraux doivent battre en retraite tant qu'ils n'ont pas en , quelque sorte , la certitude d'être victorieux , s'ils en viennent aux mains , se contentant de gêner ou d'intercepter les communications de l'armée envahissante. L'immensité de son territoire offrant donc à un tel état le principal moyen de résistance , il n'aura qu'un petit nombre de places fortes situées ordinairement à une grande distance les unes des autres.

Dans ce qui va suivre il sera question d'un état de l'étendue de la France , et qui offrirait aux armées les ressources qu'elles trouvent en France , en Allemagne , en Espagne , en Italie et dans les Pays-Bas.

Cet état aura sur sa frontière quelques places fortes de petite ou de moyenne grandeur , ou même des forts selon les localités ; ces places occuperont les communications les plus importantes et donneront des passages sur les fleuves et sur les grandes rivières. Si l'on a l'offensive , elles serviront de dépôts pour le matériel de guerre nécessaire à l'armée d'opération ; si l'on garde la défensive , elles causeront quelque gêne à l'ennemi , puisqu'elles seront établies sur les principales communications.

On construira selon l'étendue du territoire une , deux ou

trois places fortes centrales du premier ordre dans les lieux
où l'on supposera que l'ennemi pénétrera le plus difficile-
ment et qui présenteraient pourtant des ressources à une
armée pour y faire la guerre défensive; on réunira dans ces
places les principaux arsenaux, les principales manufactures
d'armes et une partie du matériel de guerre. Les autres
places fortes seront distribuées sur le territoire.

Depuis ces places centrales jusqu'à celles de la frontière,
les places seront généralement de petite ou de moyenne
grandeur; les plus rapprochées de cette frontière en seront à
trois journées. On n'hésiterait pourtant pas à s'en rappro-
cher davantage pour fortifier des points qui, par leur importance, devraient évidemment être occupés d'une manière permanente.

On aurait égard, dans le choix de quelques-unes de ces
places, à la situation de la capitale, non pas pour la couvrir,
comme cela se dit souvent improprement, car les places ne
couvrent que ce qui est compris dans l'étendue de la portée
de leur canon; mais pour procurer à une armée qui cou-
vrirait cette capitale les avantages que les places situées sur
le théâtre de la guerre procurent aux armées.

L'emplacement qu'occuperont ces places et leurs dimensions dépendront des localités, de l'étendue du territoire, du
nombre et de l'espèce des communications, de la nature du
pays, de sa population et de ce que l'on a à craindre sur
les différentes frontières. On ne saurait poser de règles pré-
cises à ce sujet, puisque les circonstances qui doivent déterminer dans le choix de l'emplacement des places sont
différentes dans les différens pays.

On a dépensé en France des sommes considérables pour
mal entretenir cette zone de places de la frontière du Nord,
si mal disposées dans leur ensemble, ainsi qu'on l'a vu, et
qui, dans les circonstances où l'on compte sur l'appui des

places fortes, c'est-à-dire si le territoire était envahi, loin d'être utiles, deviendraient nuisibles. Si, au contraire, on eût adopté un système de places basé tout à la fois sur la situation physique et politique de la France, et sur les changemens survenus dans l'art de la guerre; il n'eût pas été parfait sans doute; car qu'y a t-il de parfait de ce qui sort de la main des hommes? mais il serait d'une utilité incontestable dans les circonstances dont je viens de parler.

Quant aux dépenses qu'auraient occasionées des travaux aussi importans, elles n'auraient pas augmenté les charges publiques; en effet, si l'on eût démantelé les places fortes qui n'auraient point été conservées, et vendu les terrains qui seraient ainsi devenus disponibles; que l'on eût appliqué les sommes provenant de ces ventes et celles qui ont été accordées au génie depuis la restauration, à bien entretenir les places que l'on aurait conservées et à construire les nouvelles, les travaux pour l'établissement complet du nouveau système ne seraient pas encore terminés, mais pourtant ils seraient assez avancés pour procurer de grands avantages aux armées françaises, en cas d'invasion. En supposant même qu'il eût fallu accorder annuellement, pour hâter ces travaux, une légère augmentation de crédit, aurait-il été possible d'employer des fonds plus utilement?

Toutes les capitales de l'Europe sont tombées successivement au pouvoir d'armées ennemies, pendant les guerres de nos jours, à l'exception de Londres, de Pétersbourg, de Stockholm et de Constantinople; mais les trois premières de ces capitales sont, en quelque sorte, inaccessibles aux armées, et la politique seule a empêché les Russes de s'emparer de la dernière, en 1829. Il importe donc d'examiner quel rôle joueront à l'avenir les capitales, et si l'on doit les fortifier; cette question est plus simple qu'elle ne le paraît au premier aperçu.

L'importance des capitales tient à quatre causes diffé
rentes : à ce qu'elles sont le siége des gouvernemens, à leur
population, à leurs richesses, à l'influence plus ou moins
grande qu'exerce leur possession sur l'esprit des peuples. On
ne doit point, parce qu'une ville est le siége du gouvernement, la fortifier, puisque ce gouvernement doit s'éloigner
si l'ennemi s'approche du lieu de sa résidence ; il faut pourtant en excepter le cas où cette résidence serait un port de
mer : on doit alors la fortifier pour qu'en temps de guerre,
si l'on est maître de la mer, le gouvernement puisse y rester,
quoiqu'elle soit bloquée ; et, dans le cas où l'on ne serait
pas maître de la mer, pour la mettre à l'abri des attaques
inopinées de troupes de débarquement.

La richesse, la nombreuse population et la grande étendue d'une ville, loin d'être des motifs pour la fortifier, sont
des circonstances nuisibles. Ainsi ce ne serait qu'à cause de
l'influence morale qu'exerce sur l'esprit des peuples la possession des capitales, qu'on aurait intérêt à les fortifier ;
mais, d'autre part, l'état éprouve de grandes pertes si elles
essuient les calamités d'un siége, parce qu'elles sont ordinairement riches, ainsi que les lieux de leur voisinage ; il
est d'ailleurs quelquefois, pour ainsi dire, impossible de
les fortifier, à cause de leur vaste étendue, et lors même
que l'on y parviendrait, on éprouverait de grandes difficultés
pour en approvisionner la garnison et la nombreuse population. On ne doit donc fortifier les capitales que lorsqu'elles
occupent un point dont la possession est très-avantageuse
sous le rapport militaire, et que si elles n'ont pas trop de
population et d'étendue.

On sent combien il est important pour le commandant
d'une armée de s'emparer de la capitale du pays dans lequel
il a pénétré. Aussi est-ce presque toujours le but qu'il se
propose, lorsque cette entreprise offre quelques chances de

réussite. Par des raisons contraires, le général qui garde la défensive se propose, avant tout, de couvrir cette capitale, et ce motif lui fait quelquefois commettre des fautes énormes, comme de livrer bataille, quoique presque certain de la perdre.

On doit conclure de ce qui précède qu'il est très-dangereux pour un pays d'avoir une capitale trop importante par sa population et par ses richesses, et qu'il est plus dangereux encore d'y concentrer tellement toutes les affaires, que sa possession, soit dans l'opinion d'une nation, l'un des principaux indices auxquels elle reconnaît ses gouvernans.

Deux des états de l'Europe, l'Angleterre et la France, se trouvent dans cette situation; mais le premier de ces états, n'a rien à craindre pour sa capitale; tant qu'il conservera l'empire de la mer, et la concentration des affaires importantes dans cette capitale est très-favorable au commerce immense qu'il fait avec toutes les parties du monde.

La France se trouve dans une situation entièrement différente, puisqu'étant puissance continentale, son territoire peut être envahi; sa capitale est très-mal située sous le rapport militaire; elle est trop rapprochée de ses frontières du nord et du nord-est, qui sont les plus exposées à une inva‑ sion. Je conçois que l'on ne se décide pas légèrement à établir le siége du gouvernement outre-Loire, pour l'éloigner de la frontière; mais on aurait dû chercher à diminuer l'importance que Paris a acquise depuis que toutes les affaires y sont concentrées, et celle qui résulte de la population et des richesses de cette grande ville. Sans égard, au contraire, pour les leçons de l'histoire, et comme si l'on eût été frappé d'aveuglement, on n'a cessé de travailler à accroître cette importance (a), si bien qu'il serait à craindre, si l'ennemi s'en emparait, que le corps social tombât en dissolution.

(a) N'est-il pas question depuis trois ans d'un projet de canal qui ferai

Au moins fallait-il préparer et désigner d'avance une ville, seconde capitale sous le rapport militaire, où l'on saurait que le gouvernement devrait se retirer si la guerre s'approchait de trente lieues de Paris (a); car l'effet désastreux des malheurs, en quelque sorte, prévus, est bien moins grand que celui des malheurs imprévus. Mais non ! quinze années se sont écoulées depuis la restauration, et nous ne sommes pas encore parvenus à nous constituer d'une manière stable: il ne semble point qu'il ait jamais été question franchement de s'entourer des hommes les plus capables, mais bien des hommes de sa coterie. Les affaires de la guerre sont peut-être celles qui ont le plus souffert de cet état de chose.

Je sais que des ingénieurs d'un mérite reconnu ont proposé de fortifier Paris, pour défendre, disent-ils, ce que l'on

de Paris un port de mer, ce qui serait très-nuisible à Rouen et au Hâvre, et accroîtrait les inconveniens que je viens de signaler?

On trouve dans les Mémoires de A. H. Dampmartin, pag. 18, les réflexions suivantes qu'il met dans la bouche du maréchal de Stainville. « Une espèce de fureur dépeuple les provinces pour fournir les membres et » les témoins des états généraux ; elle produira de effets funestes. Mille et » mille gens, propres à rendre des services essentiels, se trouveront » tout-à-coup paralysés dans Paris. Cette immense cité s'est accrue depuis » plusieurs années d'une manière effrayante par une suite inévitable de la » paresse, de l'orgueil et de la curiosité qui tourmentent toutes les têtes. » Si cette immense cité s'était déjà accrue alors d'une manière si effrayante, que dire de son accroissement depuis la restauration ?

(a) Cette seconde capitale serait fortifiée ; ce pourrait être par exemple l'une des places centrales : elle contiendrait un bâtiment disposé pour l'habitation du roi et pour la réunion des chambres et des conseils; un arsenal, des casernes et tout ce qui est nécessaire pour une garnison de quinze à vingt mille hommes. On y établirait à demeure le dépôt des archives des différens ministères, et en temps de paix on y mettrait une nombreuse garnison. En temps de guerre, si l'ennemi s'approchait de trente lieues de Paris, le gouvernement s'y rendrait avec tous les corps de l'état; il établirait son personnel et ses bureaux dans les casernes et dans les autres bâtimens devenus disponibles.

a le plus d'intérêt à conserver ; ce remède ne me paraîtrait propre qu'à aggraver le mal. En supposant même que l'on eût exécuté le travail immense de ceindre une ville telle que Paris de fortifications , qu'en résultera-t-il ? Le général chargé de couvrir cette capitale serait obligé de la conserver pour base de ses opérations, et par conséquent ne pourrait changer de ligne d'opération; ce qui lui serait excessivement nuisible.

Si donc le général ennemi marchait résolument à la rencontre du général français , il faudrait que ce dernier , soit qu'il eût été vaincu ou qu'il se fût retiré pour éviter de combattre, se renfermât dans Paris avec son armée entière pour défendre cette immense place forte. Ainsi , ce général , abandonnant la campagne à l'ennemi, se trouverait bloqué dans Paris. Mais c'est le plus grand malheur qui puisse arriver à une armée après celui d'être obligé de mettre bas les armes; car les résultats d'une telle situation sont d'être réduit à capituler à la suite d'un siége ou après avoir épuisé ses vivres. Comment d'ailleurs approvisionner une population de huit cent mille âmes et une armée de cent mille? et quelle quantité de matériel de guerre ne faudrait-il pas dans une place d'une telle étendue? Comment empêcher que l'ennemi, le jour même de son arrivée, ne mette le feu, avec des fusées incendiaires, en cent endroits de cette forêt de maisons , si élevées et si combustibles, qui se pressent dans la vaste enceinte de cette capitale?

Je le répète, je m'étonne que l'on puisse agiter sérieusement la question de savoir s'il faut fortifier Paris. Il faut abandonner cette capitale plutôt que de perdre son armée en voulant la défendre; c'est une nécessité cruelle qu'il faut subir. Rien n'est désespéré tant que l'on tient la campagne avec une armée; on est à la merci de ses ennemis quand on n'a plus d'armée pour tenir la campagne , ou qu'elle est bloquée dans une place, ce qui est à peu près la même chose

Que si l'on prétend que Vauban a émis l'opinion qu'il fallait fortifier Paris, je répondrai que tout est changé, que Paris a plus d'étendue, plus de population, plus de richesses qu'il n'en avait alors; mais surtout que l'art de la guerre a bien changé depuis Vauban, et que ce grand homme penserait différemment aujourd'hui.

FIN.

Imprimé en France
FROC021825210120
23239FR00022B/437/P